JN100830

妻がマルチ商法にハマって家庭崩壊した僕の話。

ズュータン

ポプラ社

妻がマルチ商法にハマって家庭崩壊した僕の話。

はじめに

　窓から射し込む陽の光と、からだに温かな重みを感じて、眠りから目を覚ます。幼稚園の制服に着替えた娘が覆いかぶさり、ケラケラと笑いながら僕の顔を覗き込んでいる。僕は毎朝そうやって目を覚ましていた。

「行ってらっしゃい」

　遅く起きた僕は、娘を電動自転車に乗せて幼稚園へと送っていく妻の姿を見送る。

　湘南新宿ラインの、とある駅から歩いて25分かかる山の上に、真っ白い狭小邸宅が建っている。そこが妻と娘と僕が暮らす家だった。35年の住宅ローンを組んで新築の家を建てることにためらいはあったが、妻と娘の「海の近くにおうちがほしい」という願いをかなえてあげたかった。

ただひとつ、当時の僕には気にかかっていることがあった。妻がマルチ商法の製品を愛用しはじめていたことだ。

妻の瞳はいつも慈愛に満ちていたが、マルチ商法をはじめてからは感情のない冷たいガラス玉のように見えた。たしかに妻はそこにいるのだが、僕の知っている妻ではなく、知らない誰かと暮らしているように感じられた。

やがて妻と娘は同じ会社の製品を愛用する仲間が乗ってきた車に迎えられ、去っていった。妻と娘の持ち物も家財道具もすべて一緒に運ばれていった。そして妻と娘は仲間の家で暮らしはじめた。将来に備えて貯めていたお金はすべてなくなっていた。僕はひとり家に取り残された。状況が理解できず、ただ混乱するばかりだった。

そうして僕の家庭は崩壊した。それから5年経つが妻とは一度しか顔を合わせていない。娘とは数回会ったきりだ。

＊

みなさんはマルチ商法と聞くと、どういうイメージを持つだろうか？

「なんかいかがわしい……」「稼げると思ってはじめてもうまくいくわけない……」「失敗して在庫や借金を抱える」など、悪い印象を持つ人が多いのではないか。その結末についても、金銭的なダメージしか想像できないのが普通だろう。

「はじめに」のあとで詳しく述べるが、ここでもマルチ商法について簡単な説明をしておきたい。

まず、マルチ商法は違法なビジネスではなく、悪意を持って使われる呼称でもない。法的に認められた「連鎖販売取引」という販売形態の通称だ（特定商取引法第33条）。一般的な商品流通とは異なり、購入者が新たな購入者を勧誘し、その相手に販売することで手数料を得るビジネスを指す。この連鎖販売取引が日本では俗称としてマルチ商法と呼ばれ、公的機関でも使われている。なので、本書で「マルチ商法」と言ったとき、それは「連鎖販売取引」を意味することをご理解いただきたい。

このように、マルチ商法は合法なビジネスだ。ただし、問題の起きやすい商法でもあるため、特定商取引法で厳しい規制を受けている。たとえば、勧誘する際は勧誘目的で会うことを事前に告げなければいけない、不実告知（「絶対儲かる」「このサプリを飲んでいれば病気が治る」など）や威迫困惑行為（「断られたのに再度勧誘する」など）をしてはいけない、など。しかし、企業が知らないところで会員が規制を破って活動していることはままあり、そのために前記のような良くないイメージにつながっているのだと考えられる。

しかし、こうした「悪質なマルチ商法」の被害といったとき、その本質は「お金」にはない。その人の「人格」を変えかねないところにこそ、本当の恐ろしさがあるのだ。

「マルチ商法にハマった人は、それまでのその人とはどこか違って見える」

「あのマルチ商法の会員は、みんな同じような雰囲気で同じことを言うな……」

実際に悪質なマルチ商法の勧誘を受けたことのある人や、のめり込んでいる人が身近にいて、そう感じたことのある人はいないだろうか？

本編でさまざまな事例を通して解説していくように、マルチ商法の会員は、会員同士で「家族」のような人間関係を築き、その仕組みのなかで成功した者を畏怖していることが多い。成功者の言うことやなすことは絶対であり、会員は自然とその思考や行動様式を真似るようになる。だからみな、似たような雰囲気をまとうようになるのではないか。

本書には「マルチ商法にハマる」という表現が何度も出てくるが、僕が考えるにその状態とは、ある特定のマルチ商法企業のなかで共有されている価値観が、その人のなかで揺るぎないものになった状態のことである。

ここでいう「価値観」とはお金に対しての考え方だけではない。「自分は何を大切にして生きるのか？」という人生観や倫理観、「自分はどういう人間になりたいか？」という未来像、「自分にとって家族とは？　友人とは？」という人と人との関係のありかたなど、その人の存在の根幹をなすさまざまな思考の様式が、少しずつマルチ商法の理屈に置き変わっていくのである。そして、一度変わった人格が元に戻ることは限りなく難しい。僕はそれを、身をもって経験した。

＊

妻と娘がいなくなったあと、僕は妻の身に何が起きていたのか、「事実」を知らずにはいられなかった。自分の置かれた状況を、少しでも客観的に「理解」したかった。そうでなければこの現実に押しつぶされそうだった。

気づいたら、マルチ商法に関するネットの記事や書き込みを検索して情報を集めていた。ツイッターで同じような状況に陥っている人の声を探した。マルチ商法の会員たちが集うFacebookのコミュニティに投稿される言葉を見て、彼らに共通する思考や行動様式を調べた。マルチ商法会員の近所の住人に聞き込みをした。会員たちがよく打合せや勧誘をしているカフェで張り込みをして、会話をメモしたりもした。

自分の心情をツイッターで投稿することもはじめた。すると、同じような境遇にいる人からの声が集まりはじめた。その声を記録として残さなければいけないと思い、その一部はnoteで記事にして公開した。

5年間、そうした活動を続けて、マルチ商法で何かしらの問題を抱えているのは僕だけではなくたくさんいること。みんな、誰にも話せずに忸怩(じくじ)たる想いを抱えて苦しんでいることが見えてきた。

しかし、何よりも伝えなければいけないと思ったのは、マルチ商法が「人対人」の閉じた世界で行われるため、そこで何が行われているのかが、外にいる人たちの目にはなかなか届かない構造になっていることだ。だからこそ、マルチ商法にまつわる出来事の数々は、これまで文字として記録に残されることがほとんどなかったのだと思う。

たとえば、マルチ商法に手を出すのは「お金に目がくらんだ若者」というイメージが強いかもしれない。実際、春になるとさまざまな大学が学生に対して注意喚起をしている。しかし、あるマルチ商法企業の会員データを見ると、その年代の幅は20代から高齢者までと広く、前記のようなイメージとは違っている。また、当事者からの声を集めてわかったことだが、職業も生活環境もバラバラだ。もちろんある程度のパターンはあるものの、相手に合わせて勧誘の手法も違ってくる。

ただ、マルチ商法で問題を抱えている人たちに、ひとつだけ共通していることがある。それはみな「まさか自分が、自分の身近な人が、マルチ商法にハマるなんて思いもしなかった」と言うことだ。これは、「誰しもがマルチ商法にハマる可能性がある」ことを示唆（しさ）している。それは決して非日常的なことではなく、日常と隣り合わせのことなのだ。

悪質なマルチ商法に手を出し、巻き込まれてしまった人の未来は残酷だ。家族、恋人、友人、といった人間関係は必ずと言っていいほどに破壊されていく。ハマった人自身の人格も根幹から変わり、身近な人の心にも深い傷を残していく。

それなのに、マルチ商法とは何か？　どういう経緯でハマるのか？　ハマるとどうなるのか？　ということを知ることができる情報は少ない。だが裏を返せば、知っておくことでマルチ商法をきっかけに起きる、悲しい出来事は確実に減らせるはずなのだ。僕はそのための情報を伝えたい。

＊

本書では、まず僕の経験を語らせてもらうことにした。これまでもよく「ズュータンさんはマルチ商法で何か大変な目に遭ったんですか？」と聞かれてきたのだが、僕は自分自身の経験を詳細に語ることができずにいた。自分のこととなると混乱してしまい、起きた出来事を冷静に整理できなかったし、自分の身に起きたことに向き合うことはつらかったからだ。だが、妻と娘がマルチ商法の仲間の家で暮らしはじめてから5年が経ち、少しずつだが落ち着いてその現実と向き合うことができるようになった。今なら自分のことを書けるかもしれないと思った。

次に、5年間にわたりツイッターを通して僕とやりとりをした、マルチ商法によって人生が左右された人たちの声を紹介していく。これらを読んでもらうことで、マルチ商法の世界で起こっていることを、一面的にではなく多面的に知ってもらいたい。

第4章では、僕がマルチ商法について調査し続けてわかった事実を共有する。さらに、みなさんに提供いただいた情報をもとに、最新のマルチ商法の傾向を紹介しながら、悪質なマルチ商法に自分自身がハマらないための対策や、身近な人がハマってしまった場合の向き合い方についても考えていきたい。

本書の目的は、マルチ商法そのものをなくそうとしたり、特定の企業や個人を告発したりすることにはない。僕や、声を上げてくれた方々の経験を伝えることで、規制があるにもかかわらず起こってしまうマルチ商法をめぐる悲しい問題の解決の一助としてほしい。また、社会全体でマルチ商法のことを考えるきっかけにしてもらいたいと願っている。

*

２０１９年11月。マルチ商法で多数の被害を出したある企業が、首相から送られた「桜を見る会」の招待状をマルチ商法の営業に利用していたことがニュースになった。それを受け、消費者担当大臣は「騙されたほうが悪い」ともとれるような発言を繰り返した。自分はふだんから注意しているから大丈夫なのだ、と。

消費者を守るべき行政機関のトップがこのような発言をするのは到底受け入れがたいことだが、世間一般の理解も、案外同じくらいなのかもしれない。「騙されたほうが悪い」――まず心のなかでそう思ってしまう人は、決して少なくないはずだ。

悪質なマルチ商法にハマり、騙されるのは個人の責任である。

この社会は、そう思うことでこの問題を片づけた気になってきた。しかし、それは騙された人、つまり弱い立場に置かれ、困っている人の自尊心を傷つけ、沈黙させることであり、問題の先送りにしかなっていない。本書は、マルチ商法を「個人の問題」ではなく、「企業の問題」でもなく、「社会の問題」として捉えなおす試みでもあるのだ。

マルチ商法の問題は、たしかに長年存在していた。

しかし、ずっと臭いものとして蓋(ふた)をされてきた。

僕は、その蓋を開けたい。

マルチ商法について

日本のマルチ商法の市場規模は一説では約6000億円とも8000億円とも言われている。たとえば同じ市場規模の業界に、健康食品や語学ビジネス業界があるというと、マルチ商法がどれだけ私たちの社会に浸透しているのかイメージしやすいのではないか。

ひとくちにマルチ商法と言っても、昔から存在し、日用品を中心に製品を揃える名の知れた企業もあれば、投資で稼ぐ商材を売る企業までさまざまである。企業によってカラーはだいぶ変わるので、ひとくくりに理解するのは誤解を招くことになるが、本編に入る前に、「マルチ商法とは何か?」という基本的な知識を共有しておきたい。

マルチ商法とは「特定商取引法」(以下、特商法)で「連鎖販売取引」と定義されている商形態の俗称になる。連鎖販売取引を行う企業のなかには、「連鎖販売取引のなかで悪質なものだけがマルチ商法である」と悪質か否かで区分するところもあるが、マルチ商法という言葉を使用する公的機関で、マルチ商法の定義として悪質性を要件としているところは特にない。

「連鎖販売取引」は個人を販売員（一般的に「ディストリビューター」と呼ばれることが多い）として勧誘し、さらにその個人に次の販売員を勧誘させるかたちで、販売組織を連鎖的に拡大して行うビジネスを指す。それによって築き上げられたグループの収入のうち、一部をマージンとして受け取ることができる。よく混同される「ねずみ講」とは製品の流通を介している点で異なる（「ねずみ講」は無限連鎖防止法で明確に禁止されており、特定の商品を扱わないのが特徴）。かつては特定負担金の額（2万円以上）など連鎖販売取引の定義条件に当てはまらないものが「マルチまがい商法」と呼ばれていた。しかし2001年の法改正で、連鎖販売取引の定義から特定負担金の条件がなくなり、現在「マルチまがい商法」は存在しない。

マルチ商法の会員は、契約上は独立した個人事業主であるが、上位会員を「アップ」、下位会員を「ダウン」と呼称する企業もあり、グループを築いていることが多い。連鎖販売取引という、人を介して新たな会員を獲得するというビジネスモデルの性質上、会員同士で情報を共有しながら新たな販売員を勧誘し、グループ全体の利益を上げていくことは避けられない。新規会員を増やすこと、及び配下の会員（ダウン）の商品購入金額により、自分がランクアップしたり（ランク制度）、報酬の対象範囲が大きくなったりして、利益が増える仕組みを取るのが一般的である。報酬の設定は会社によって異なる。

マルチ商法企業のサイトをいくつか調べた範囲では、「自由」「平等」「成功」のような企業理念を掲げ、社名にもそれが表れる傾向があった。また、そのほとんどで、個人の報酬を追い求めることと他人の成功をサポートすることが両立できると説かれている。

取り扱う製品は「健康食品」「化粧品」などの日用品や、「浄水器」などの耐久消費財といった生活に根ざしたものが多い。会員のSNSやブログへの投稿、勧誘経験者の談話からは、「製品を愛用することで、健康を増進し美を磨くという自己の啓発をうながす」とともに、「勧めた相手のためにもなる」という説明が見られることも多い。

マルチ商法は、特商法やその他関係する法律を遵守する限り違法なものではない。また、実際に特商法で厳しい規制を受けている。もしマルチ商法をはじめようと考えている人がいたら、一例を次に挙げるので、どのような規制があるか知っておくといいだろう。

・勧誘目的だと伝えずにアポを取ってはいけない

特商法33条の2に氏名などの明示という規定がある。
「マルチ商法に勧誘するので食事がしたい」「○○に会わせたいマルチ商法販売員の人がいる」などと伝えなければならない。

・絶対儲かるなどの誇大表現を使ってはいけない

特商法36条に誇大広告の禁止という規定がある。

絶対儲かるではなく、会員のうち何パーセントが不労所得を得て自由な生活をしているのかなどという説明をしないと不実告知に当たる。都合の良いことだけ説明し、相手を誤解させたまま勧誘をすると法律に触れる恐れがある。

＊不労所得とは、その権利や状態を得れば働かずに得られる所得のことを指す。

・強引で迷惑な勧誘をしてはいけない

特商法38条3号に、締結しない旨の意思を表示している者に迷惑を覚えさせるような仕方で勧誘をしてはいけないとの規定がある。

断っているのになかなか帰してくれなかったり、長時間拘束されたりするなど、迷惑な勧誘に関しては違法となる。

・家に招いて勧誘をしてはいけない

特商法34条4項に勧誘であることを告げずに、公衆の出入りする場所以外の場所において、当該契約の締結について勧誘をしてはならないとの規定がある。

個々のケースにおいては実態に即して判断されることとなるが、たとえば、事業者の事務所、個人の住居、ホテルの部屋、公共施設等の会議室、カラオケボックス、貸し切り状態の飲食店等は該当するものと考えられる。

妻がマルチ商法にハマって家庭崩壊した僕の話。　目次

第1章 妻がマルチ商法にハマり、家を出るまでの2年間

民生委員の女性に誘われて／「それでね、X社だったの」／妻、「トンデモ」にハマる。きっかけはコーヒー浣腸／妻、「自然なお産」へ傾倒する／僕は布おむつを毎晩洗った／根拠のない「安全」に人は動く／洗剤、空気清浄機……、家がX社製品に占拠される／妻、目つきや顔つきが変わる／妻、ママ友に距離を置かれる／マルチ商法に染められていく我が家／娘は妻から口止めされていた／「洗脳されてる?」／妻、X社製品を処分したら寝込む／別居、そして妻からのメール／誰かに話すのは恥ずかしかった／僕、ついに頭突きしてしまう

写真　©RYO／amanaimages

ブックデザイン　鈴木成一デザイン室

第1章

妻がマルチ商法にハマり、家を出るまでの2年間

民生委員の女性に誘われて

ある日、しばらく連絡を取っていなかった友人から連絡が来る。久しぶりの再会に心がはずむ。そして会ってみると「かんたんに儲かるいい話がある」と話を切り出され、ガクッとしてしまった――。そんな経験のある人は、少なくないかもしれない。


「会員になって新規購入者を紹介してくれたら、高いリベートが手に入る」

「月に100万円の利益をあげている人もいる」

「この商品は売れるよ。すごい商品だから。確実に儲かる」

「会員を増やすと、その会員ががんばってくれた分も利益になるから楽に儲けられるよ」

このように、世間がマルチ商法の勧誘に抱くイメージは怪しげな話が一般的ではないだろうか。たとえば、高校卒業以来会っていなかったかつての友人のように、最近親しくしていなかった、あるいは顔だけは知っている程度の知人から急に話を切り出される、といったように。行政や学校でも、こうした人たちからかけられる「誰でも」「かんたんに」「楽して稼げる」という言葉には気をつけましょうと、注意喚起をしている。

しかし、身近で信頼できるように見える人から勧誘されることもめずらしくない。むしろ僕が聞いたり調べたりした範囲では、マルチ商法に深入りしてしまうケースほど、勧誘のきっかけは身近で信頼できるように見える人からだ。

僕の妻も、地域の民生委員を務める平泉さん（仮名）という身近な60代の女性から勧誘された。

その頃僕と妻は30代半ば。３歳の娘と陽当たりの良いマンションで平和に暮らしていた。だが困っていたことがあった。同じマンションの住人に、自転車置き場にとめていた電動自転車にいたずらをされていたのだ。自転車を倒されたり、かごにゴミを入れられたり、サドルを汚されたり、いたずらは日に日にエスカレートしていき、そのうち娘に危害が加えられるかもしれないという恐怖から新たな自転車置き場を探さなければいけなくなった。

そこで妻から「平泉さんなら持っているマンションの自転車置き場を貸してくれるかも」と提案があった。妻が平泉さんに頼みにいくことにした。帰ってきた妻に「どうだった？」と聞くと、平泉さんと玄関先で顔を合わせるなり「子どもに何食べさせてるの？」と聞かれ、食や健康のことについて「あれ食べさせちゃだめだよね〜」などという話で1時間ぐらい盛り上がったと聞かされた。「自転車もタダで置いていいって言われたよ〜」と、うれしそうに話していた。

後日、「平泉さんに料理教室に誘われたから行ってくるね！」と、妻は僕に娘を預けて出かけていった。帰ってきた妻に「どうだった？」と聞いたら、「今まで行ったなかで一番立派な家だった」と興奮気味に話していた。

「それでね、X社だったの」

平泉さんの家は大きな壁に囲まれて、外からは建物が見えないほどの豪邸だった。ガーデニングに凝っていて、海を見渡せる見晴らしの良い場所に建っている。土地やマンションもたくさん持っている、地域では有名な大地主だ。そのときに妻から「それでね、X社だったの」と、僕の反応を確かめるように言われた。X社と言えばマルチ商法で有名ということだけは知っていたので、言われた瞬間、僕は「え？」と固まってしまった。当時の僕はX社のこともマルチ商法がどういうものかもよく知っていたわけではない。ただ良いイメージがなかったのは確かだった。

妻との会話にマルチ商法を連想させる会社名が出てきただけで僕のなかの危険センサーが鳴った。でも妻はX社のことを警戒している様子はまったくなかった。むしろ「平泉さんと出会えてよかった！」「これから楽しくなりそう！」という感じだった。

「白砂糖は麻薬だから子どもに食べさせてはいけない」「薬はリスクだから飲んではいけない！」「放射能や農薬まみれの野菜を買ってはいけない」、そういう話を平泉さんがしてきて、もともとそういう話に強い興味があった妻は意気投合したらしい。でも、「X社の製品を買っていい？」と妻に聞かれた僕は、瞬間的に「やめろ！　そんなの買ったら離婚だから！」と言ってしまった。それは僕自身、驚くぐらいの強い口調だった。すると妻は拗ねてしまった。

それから数週間後、「平泉さんがX社の空気清浄機を貸してくれるっていうから家に置きたい」と妻が言いはじめた。「花粉症も治るし、空気の質が良くなると健康にもいいんだって」と。僕はやめてほしいとお願いした。製品を買い込むことになるのではないか、と警戒心もあったのだと思う。結局「タダなんだよ」「なんか違うなと思ったら返せばいいんだから」と押し切られ、しぶしぶ2週間の約束で置かれることになったが、妻が2週間で空気清浄機を返すことはなかった。

僕は不安になる一方で、「民生委員がマルチ商法など勧めてくるわけがない」という気持ちがあった。親身になってくれる民生委員が、たまたまX社の製品を使っている。当時はそれだけのことだと考えていた。

妻、「トンデモ」にハマる。きっかけはコーヒー浣腸

昨今では、「トンデモ」と呼ばれる情報が書籍やウェブを中心に溢れ、検索プラットフォームやブログサービスを提供する企業が対応策を取るなどの社会問題になりつつある。こうした情報は医療・食・健康に関するものが多く、いずれも科学的な根拠がない。たとえば世界保健機関（WHO）は、2019年に注目される「世界の健康に対する10の脅威」のひとつとして、「ワクチン忌避」を挙げている。

身近で信頼のできる人や、一見、権威のありそうな専門家から「〇〇が危ない！」というメッセージが発せられると、根拠の有無に関係なく不安が喚起され、ふつうであれば信じないような情報を信じ込んでしまうことがあるのだ。残念ながら、これは家族や子どもの健康に気を配る親（特に母親）であればなおさらのことで、僕の妻もそのような母親のひとりだった。

もともと医療や食、健康に関心が高く、真偽が確かではない情報を信じ込みやすかった妻の目には、平泉さんが「質の高い情報」をたくさん知っている素敵な女性に映ったことだろう。

思えば、妻がはじめて「トンデモ」な情報に手を出していることに気づいたのは、同棲をはじめてすぐの頃だった。妻から「コーヒー浣腸」を勧められたのである。「コーヒー浣腸」とは、器具を使って薄めたコーヒーを直腸内に流し込む行為だ。過去に流行したが、科学的根拠は疑われている。２０１０年には「代替医学総合学院」なる施設で女子中学生らに「コーヒー浣腸」が行われ、医師法違反により逮捕者も出た。

しかしそのときの僕は、ちょっと変なのに手を出してしまったのかな、くらいの感覚で特段不安は覚えなかった。妻も、僕が断るとがっかりしたそぶりは見せたが、それ以上は勧めてこなかった。僕の見ていないところでしていたのかもしれないが、数週間もすると「コーヒー浣腸」のことは口にしなくなった。

「コーヒー浣腸」みたいなバカげたことを真剣にしている妻のことを、「かわいいな」と思って笑っていた当時のマヌケな僕を責めたい。同棲中の微笑ましいできごと。しかし、心にひっかかりはあった。

妻、「自然なお産」へ傾倒する

その後、結婚し妻は妊娠した。そこで妻は「自然なお産」という考え方を知り、強い興味を持つ。自らネットで「自然なお産」の情報を集めるようになったのだ。

助産院で出産したいという妻に、僕は出産のことは何もわからなかったから、「したいようにすればいいから」と言った。むしろ、妻の話を聞いているうちに、助産院で出産するのは産婦人科で出産するよりも「高尚なこと」のような気がしてきた。ネットや助産院で「自然なお産」について学んでいる妻を見て、「うちの奥さんは助産院で自然なお産をするんだぜ！」と、誇らしささえ覚えていた。僕も妻も、産婦人科で出産する人のことを「どうして自然なお産をしないんだろう？」と見下すようになっていた。できるだけ妻が望む出産ができるように協力してあげたかった。

助産師に「良いお産をするためにはたくさん歩くこと」と勧められていた僕らは、臨月になってからも、近所をたくさん歩き、商業ビルの階段を何度も上り下りした。出産予定日を過ぎても産気づく気配のない妻に、助産師は高尾山に登るように強く勧めてきた。「高尾山で産気づいたらどうするのか？」という不安にも、「だいじょうぶと言われたから登りたい」と、助産師に傾倒していた妻の強い希望に押し切られ高尾山に登ってしまった。臨月になるまでには「水中出産がしたい」と妻から言われ続けていたが、これはなんとかやめてもらうことができた。こうして妊娠と出産の過程で少しずつ戸惑うことが増えていった。

産後、妻はよりいっそう「トンデモ」な情報にハマっていった。母乳指導をする助産師の「ケーキはお乳が締まって出なくなるからダメ」というアドバイスを素直に受け入れたり、信ぴょう性のない書籍やネットの情報を通して、身体への良い悪いについての食べ物の知識を鵜呑みにするようになっていった。だが、「鵜呑みにしていた」というのは今だから言えることで、妻が信じていたように、当時の僕も、ケーキを食べるとお乳が出なくなると思い込んでいたのである。

この頃になると、妻は図書館へ通い、健康や育児や食に関する本を積極的に、片っ端から読むようになっていた。「○○は危険！」「○○はしてはいけない！」——その手の本を好んで読んでいた。なかでも妻が夢中になったのは、自然流育児のカリスマ小児科医だった。

・発熱や下痢は病気を治そうと必死に戦っている症状なので、1週間続いても病院に行く必要はない。
・予防接種はワクチンを売り込むための国の陰謀、パンや牛乳は日本に売り込むためのアメリカの陰謀。
・戦前の小児科医は、みんな私のようなスタイルで行っていて、それで問題なかった。

その自然派小児科医の子育て論を信じきっていた妻は、子どもが39度の高熱を出しても病院に連れて行くことを頑として拒んだ。娘は熱にうなされ、何日も苦しそうにしていたが、妻は病院に連れて行こうとしなかった。さすがに命の危険を感じた僕は、「お願いだから病院に連れて行ってくれ」と懇願し、日曜日に開いている病院を探し、娘を抱きかかえてタクシーで連れて行った。医者からは「なんで早く連れてこなかったの？」と言われたが、妻は「39度の熱が続いているぐらいで病院に連れて行くことないのに」と言うだけだった。

僕は布おむつを毎晩洗った

「経皮毒」と聞いてピンとくる人はどれぐらいいるだろうか。「経皮毒」とは、日常使われる製品を通じて、皮膚から有害性のある化学物質が吸収される――という説だ。オーガニック製品や無農薬野菜にこだわりを持つ自然派と呼ばれる人たちを中心に広まっているが、科学的根拠は否定されている。妻はこの「経皮毒」も信じていた。だから娘のおむつも、紙おむつではなく布おむつにしていた。

仕事を終えて家に着くと、寝静まっている妻と娘を起こさないように、風呂場にバケツを用意して布おむつを毎日7、8枚手洗いするのが僕の日課だった。「なぜ紙おむつではなくて布おむつなんだろう？」と小さな疑問を抱きながらも、「オーガニックな布おむつを使っていれば、紙おむつよりも娘の肌に優しいはず」と自分自身を納得させていた。「経皮毒」のことを聞いて「紙おむつの有害物質が娘の身体にしみこむかもしれない」という不安もあった。昼間は仕事で娘と会えない僕にとって、娘の布おむつを手洗いすることは、娘との精神的なつながりを感じることができる数少ない手段だったし、「なんて育児に協力的な父親なんだろう」と悦に入ることができた。

だが、布おむつは肌に優しいはずなのに、娘のおむつかぶれは目にあまるほどひどかった。何か月もおむつかぶれがつづき、おしりが赤くただれ、おむつを交換するたびに娘が痛そうに泣くのを見ていられなくなった。妻に「布おむつ、やめたほうがよくない？」「病院に連れて行ったほうがよくない？」と何度か伝えてみたが、妻は布おむつにこだわり、「こんなのたいしたことないから」「かぶれてるのは良くなっている証拠だから」と病院に連れて行こうとしなかった。

しかし、おむつかぶれが一向に良くならないので、妻の同意を取って皮膚科に連れて行くことにした。優しい女性の先生はステロイドを勧めてくれたが、ステロイドは身体に悪いという情報を信じていた妻はそれを拒んだ。診察を待っている患者さんがたくさんいるのにもかかわらず、先生は待合室まで出てきて、ステロイドを使うよう、妻に丁寧に説明してくれた。それでも妻は頑として首を縦に振らなかった。逆に「ステロイドを勧めるなんて」と先生に失望していたようだった。紙おむつに替えて、ステロイドを塗ってあげれば娘も楽になるのは明らかだだが、僕は妻に何も言えなかった。妻は妻なりに勉強しているので、妻が信じていることが正しいのだと思い込んでいた。

だが、この頃から、妻が信じ込んでいる健康や医療の情報は本当に正しいのだろうか、という疑念は無視できないものになってきていた。

根拠のない「安全」に人は動く

マルチ商法にハマることと、「トンデモ」を信じることとは別ではないか、と思うかもしれない。しかし、このふたつは密接につながっているというのが僕の実感だ。

マルチ商法が取り扱う製品の多くはサプリメント、プロテイン、調味料、空気清浄機、浄水器、洗剤といった健康食品や日用品である。そして、一般的に「トンデモ」と指摘される情報の多くも、医療や健康や食に関するものである。なかには規定に反した勧誘を行う会員がいるが、その場合、製品の優位性を説明するときに「トンデモ」が話に混じることがある。

一度、マルチ商法企業のショッピングサイトを見てみてほしい。「サプリメント120粒5000円」「空気清浄機15万円」「浄水器13万円」――こうした製品を目にすると、品質は別としても、やや高価な値段設定に感じるのではないか。だからこそ会員は、こんなにも質の高いものが買えるのだと説明し、これは「良い買い物」「むしろお買い得」であるのだと、相手を納得させなければならなくなる。

以下は実際に、僕がカフェなどで勧誘現場に遭遇したときのメモや、勧誘体験者から聞いたことからの抜粋である。

「今の野菜は昔と比べて栄養素が3分の1しかない！　だから現代人はビタミンが不足しているの！」
「農薬まみれの野菜は人体に危険だから子どもに食べさせてはいけないよ！」
「家のなかの空気は汚れている。寝ているときの空気の質で体調も寿命も変わってくるから空気清浄機は絶対に必要。みんな大手メーカーの空気清浄機なんて使ってるけど、あれは、おもちゃと一緒で意味がない」

「（実際のものとは異なる錆びた水道管の写真を見せて）こんなに汚れた水道管を通った水道水をそのまま飲むのは自殺行為に等しい！」

このような言葉を勧誘の場で直接聞かされたとする。いわゆる「トンデモ」を信じない人であっても、多少は不安になってくるのではないか。そしてそこに、こうした言葉がかけられることになる。

「このオーガニックなサプリメントなら安心だよ。品質は本物！　これを飲んでいる人はみんな元気で長生きしている！　アメリカでは常識」

「これはＮＡＳＡが認めた空気清浄機だよ。本当は１００万ぐらいするのに、たった15万で買えるの！　全然儲けにならないけど、みんなの健康を祈ってる会社だから、こんな世界一質のいい空気清浄機がこんな値段で買えるんだよ！」

ここではもはや、科学的な根拠の有無など関係ない。普段、僕たちが当たり前に享受しているものが「本当に安全なのか」と疑問を突き付けられ、心が揺れたタイミングで「都合のいい解決策」が提示されるのだ。書籍やネットでよく知られた情報や、マルチ商法の会員のあいだでだけ使われる情報など、利用される「トンデモ」の種類は異なるが、こうした科学的に根拠のない説明がなされることがあるのが、悪質なマルチ商法勧誘の特徴である。

同じように、僕がSNSのコミュニティを中心に調査したメモによれば、放射能、農薬、添加物、牛乳、トランス脂肪酸、ワクチン接種、薬を飲ませることなどが健康に悪いという情報が、日常的に会員同士で共有されていた。たとえば「薬を飲むなんて逆に身体を壊す！　怖〜い！」「この自然のパワーで作られたサプリメントを飲んでいれば薬なんて必要ないよ！」というように。

妻も、そういった書籍やネットで得た「トンデモ」な知識を友人に話していた。しかし、相手にされないことも多く、ときには「ちょっとあなたおかしいんじゃない？」と馬鹿にされることもあった。そのことに寂しさや怒りを感じていたのではないか。

そこに現れたのが平泉さんだった。平泉さんは、妻のトンデモな話を否定することなく、「そうだね」「いっぱい勉強してえらいね」と寄り添って聞いてくれた唯一の人だったに違いない。平泉さんはこうして、妻にとって「自分は間違っていない」と認めてくれる存在になったのだ。そんな妻が、平泉さんを信頼し、平泉さんが勧めるマルチ商法に興味関心を強めていくのは自然なことだったのだろう。

洗剤、空気清浄機……、家がX社製品に占拠される

ここまでの事態に陥るまでに、僕がなんとかできなかったのか？　と読者は疑問を持つかもしれない。たしかに僕は、少しおかしいのではないかと薄々感じてはいた。だが、その当時は僕も健康や食や医療へのリテラシーがなく、妻が信じていることを正しいと無条件に思い込んでいた。むしろ健康に対して意識が高い立派な妻だと。それに、そもそも妻を疑うという発想がなかった。「X社の製品を買い込んだり、人に勧めちゃダメだよ」と念を押し、「わかった」と妻は了承してくれた。それで大丈夫だろうと思っていた。

ところが、少しずつ、そして気がつくと家じゅう至るところに、洗剤や日用品などX社の製品が目につくようになった。2週間の約束で借りたはずの空気清浄機もいつまでも置かれたままだった。いつのまにか平泉さんが家にやってきて浄水器を設置していき、キッチンスペースは大中小の鍋セットに占領されていた。X社製品はどれもこれもサイズが大きく、僕の主観になるがデザインがダサいので存在感が半端なかった。それでも僕はまだ、妻は気に入った製品を買っているだけで、たまたまそれがX社の製品なんだろうぐらいに

考えていたのだ。

まさか誰かに勧めたり、科学的に根拠のない「トンデモ」を信じ込んでいるとは思いもしなかった。さすがにここまで来たら怪しむだろうとは、今になって思うが、当時は妻やX社を疑うよりも、自分の心を保つために「そんなわけはない」と思い込もうとしていたのかもしれない。X社製品を買っていることに、すごく嫌な気持ちはあったが、妻が買いたいというならしょうがないかと自分を納得させていた。

それに言い争いはしたくなかった。X社製品に「これってどうなの？」みたいなことを言っただけで妻の僕への態度が固くなる。夫婦関係を維持するためにもX社のことはできるだけ口に出さないようにした。妻はいつもひとりで育児してるからたいへんだろうし、家庭のことに僕があれこれ口を出せば妻のプライドを傷つけてしまう。あれがしたいこれがしたいとわがままを言うタイプではない妻が、子どものため家族のためにX社製品が必要と考えているなら、それぐらい自由にさせてあげたかった。妻に「生活費の範囲や貯金で買ってるから」と言われてしまうと、何も言えなかった。「マルチ商法と言っても人に勧めているわけではないし、稼ぐのが目的ではないしな……」と僕は自分に言い聞かせていた。

妻、目つきや顔つきが変わる

もともと愛嬌があって、いつも笑顔を絶やさない妻は、マルチ商法をはじめてから目つきや顔つきがキツくなっていった。それも、明確なある日を境にまったく別人のような顔つきになった。それは家の近くの商店街でイベントがあった日のことだ。

その日は、僕と娘が先に行き、妻は友達と会ってから来るということになった。そのとき僕と娘の前にやってきた妻は満面の笑みを浮かべていた。笑顔でテンションが高いのだが違和感を覚えた。どこか冷たい感じがした。目の前にいるのは間違いなく妻なのに、なぜか初めて会った人のようだった。

あとから知ったことだが、そのとき妻は友達に会うと嘘をつき、平泉さんのさらに上位会員である徹子さん（仮名）の自宅で自己啓発セミナーを受けていた。そのセミナーで完全にロックオンされた。それまでの写真とそのあとの写真を見比べてみると妻の顔つきが違う。それ以来、僕は妻の自然な笑顔を見たことがない。顔は笑っている、だけどもう目が笑っていなかった。笑っていないときは、イライラしていた。あるいは抜け殻のような表情をしていた。目が死んでいた。笑っているときと、そうでないときの落差が激しかった。そんな妻は見たことがなかった。ときどきクスリでもやっているのではないかと、ふと頭をよぎることがあったが、そのたびにそれを打ち消していた。

X社にハマってから、妻は読書に耽るようになった。隙間時間さえあれば本を開いていた。娘と3人で出かけるときも、電車に乗るときも、カフェに入ったときも。僕や娘のことはそっちのけで、何かに追い立てられるように。読んでいたのは『金持ち父さん貧乏父さん』や、情報商材で稼いだ人の成功本、引き寄せの法則やスピリチュアル、そして「○○は食べてはいけない！」「○○を食べるとガンになる！」「薬を飲んではいけない」のようなタイトルの健康本だった。「どうしてそういう本を読むようになったの？」と聞くと、平泉さんや徹子さんに勧められたからということだった。平泉さんや徹子さんに勧められたもの、X社の仲間のあいだで評判がいいからというものを片っ端から読んでいた。

妻、ママ友に距離を置かれる

昔から愛嬌があり、心遣いも行き届いた妻の周りにはいつも人が集まっていた。ズュータンにはもったいない、と友人や親戚からはよく言われた。幼稚園でもすぐに他のお母さんたちと仲良くなった。だが、入園から半年経ったくらいから、行事ごとに違和感を覚えることが増えていった。当初楽しそうに話していたママ友たちに、妻を避けるような様子が見えはじめたのだ。

仲が良い人は、変わったタイプの人が多くなった。特に印象深いのは秋葉さん（としき君の両親、いずれも仮名）夫婦だ。お父さんは塾を経営していることもあり教育に関心が高い。妻は、としき君のお母さんとよく遊ぶようになった。としき君の家で、お父さんと食べ物の話で盛り上がったと喜んでいた日のことを覚えている。どんな話をしたか聞いてみると、「としき君のお父さんは砂糖は身体に必要ないって言っててね。としき君に甘いものは一切食べさせていないんだって。そのかわり一年に一度誕生日だけは、パフェでもケーキでも好きなだけ甘いものを食べさせることにしているんだって。砂糖は麻薬だからね！」。妻の言葉から「ズユータンも、としき君のお父さんみたいにちゃんと勉強してよ！」と責められているような気がした。

運動会のお昼ごはんのとき、「牛乳は牛の飲むもので人間の飲み物じゃないんだよ！人間が飲んだら身体に悪いからやめたほうがいいよ！」と言って、ブルーシートを広げてご飯を食べているお母さんたちを困惑させていたこともあった。僕は「今、話すことじゃないだろ……」という困惑と、お母さんたちに申し訳ないという気持ちを抱えつつ、妻の影響で何年も牛乳を飲んでいなかった僕も、牛乳は身体に悪いと思い込んでいたので、妻を諌(いさ)めることができなかった。

幼稚園のお母さんたちだけでなく、近所のママ友も妻を避けているのを感じていた。ママ友たちが連れ立って歩いているところに、僕と妻と娘が遭遇し、ママ友たちが気まずそうにしていることがあった。道ですれちがうことがあっても、挨拶だけして避けられることもあった。以前だったら仲良く何十分も話していたのに。僕のことを心配そうに見てくるママ友もいた。妻が「ママ友たちの集まりに自分だけ誘われなかった」と愚痴をこぼしていたことがある。妻も避けられているのを感じていたのだろう。「あの人とは価値観が合わない。あの人とは価値観が合う」。よく価値観という言葉を使うようになった。

このとき僕はまだ、妻がママ友や幼稚園のお母さんたちにも勧誘をしていたことを知らなかった。

マルチ商法に染められていく我が家

妻がマルチ商法の製品を愛用していることに不安を覚えながらも、新築の家に引っ越した。新しい家に引っ越せば妻も良い方向に変わってくれるのではないか、X社もやめてくれるのではないかという期待があった。だが現実は逆だった。製品がひっきりなしに届き、そのうち娘が宅配業者の人の物真似をするまでになった。家のなかはX社製品で溢れかえった。僕と妻と娘と３人で布団を並べて寝ていたが、寝室に置かれた空気清浄機の音が我慢できず、僕は寝室を別にした。

つきあいはじめた頃に妻とふたりで選んで買ったフライパンは、僕の知らないあいだに捨てられていた。「X社の鍋セットや調理器具があれば、他のものは必要ない。X社の鍋で魚も焼けるし、ご飯も炊ける。温めることもできる。X社の鍋は他社製品と違って栄養も逃がさない」。そう主張する妻は、電子レンジも電磁波が危ないからと捨てようとした。僕が使うからと懇願して捨てられずにすんだが、台所に電子レンジがあることが憎くてしょうがないようだった。

炊飯器も「ご飯はX社の鍋で炊けるからいらない」と捨てようとした。新築の家には魚を焼くグリルも備え付けられていたが、妻はX社の鍋で焼くことにこだわった。X社の鍋なら魚の栄養が逃げないからと。しかしX社の鍋は魚を焼くのに適していなかった。いつも皮が鍋底にひっつき、身も崩れてしまう。僕はカリッときれいに焼いた魚が食べたかった。

もともと料理が苦手な妻に代わって、土日は僕が料理をしていた。フライパンを捨てられ、しかたなくX社の鍋で料理をしていたが、「X社の鍋は強火で使うと鍋が壊れるから」などと細かく使い方を言われるうちに僕は料理をしなくなってしまった。娘が好きな餃子やハンバーグを作ってあげることもなくなった。妻は平泉さんの家で行われる料理教室で覚えた料理を振る舞うが、どれもおいしくなかった。調理器具も調味料もX社のものだったからX社の味しかしなかった。だけどおいしくないとは言えなかった。「おいしいね。がんばってるね」と嘘をつくしかなかった。

そうやって僕の家庭はX社一色になっていった。もう僕の身体はX社でできている……、そんな感覚に陥っていた。

娘は妻から口止めされていた

僕の仕事が休みの日、妻は携帯を見て何か考え込むようになっていた。やがて一日中携帯の通知音が鳴るようになった。「なんでこんなに携帯が鳴るんだろう？　不倫でもしてるのかな？」と思いはじめた。その覚悟もしていた。あえて指摘することはしなかったが、食事中も娘と３人でいるときも携帯の通知が鳴り、そのたびに返信している妻にイライラが募った。「せめて通知音を切っておいて」とお願いした。

その頃、妻は平泉さん以上に徹子さんの話をよくするようになっていた。徹子さんも平泉さんと同じように、地域の民生委員をしている。とても素敵で元気で、60代には見えない尊敬できる女性だと。妻の話からは、平泉さんも徹子さんを尊敬していて、X社仲間のなかでも徹子さんのほうが平泉さんより上の指導的立場にあり、X社仲間のなかで教祖のような存在であることが窺(うかが)えた。しだいに僕は、妻の変化には徹子さんが大きく関わっているのではないかと考えるようになった。徹子さんとは何者なのだろう？　しかし徹子さんのことには触れてはいけない空気があった。

ある日、娘と散歩をしていたときに無意識に「徹子さんって知ってる？」と聞いてしまった。娘は「ん？」というおどけた顔をした。口に両手を当てて「徹子さんのことは話さないよ～」という態度を取った。娘は何か知っているけど口止めされていると感じた。僕が「徹子さんのことを教えてほしいな～」とお願いすると、娘は「徹子さんは白い門の家に住んでいる」とあっさり話しはじめた。よく妻と自転車で通っていると徹子さんの家までの道のりを教えてくれた。「よく通っているってどういうことだ？」と思った。娘から妻が徹子さんや平泉さんの家によく行っていることを聞いた。そこでＸ社の話をいつもしていることを聞いた。そこではじめて、僕は妻が徹子さんや平泉さんの家に頻繁に通っていることに気づいた。それまでは、せいぜい月に一度ぐらい、平泉さんの家の料理教室に行っているとしか思っていなかった。それが週に何度も通っていると。

それからボロボロと娘はＸ社のことを話しはじめた。昔からの仲の良い友人エリリン（仮名）にＸ社を熱心に勧めたけど断られたことを妻は悲しんでいたということ。「パパにもＸ社をしてほしかったけど、パパだめだったんだよね〜」と娘がポツリとつぶやいた。「Ｘ社のことどう思う？」と聞いてみた。娘は「ん〜、よくわからないんだよね〜」と下を向いて言った。娘は娘なりにＸ社に違和感を覚えていたのだろう。はじめて僕は妻が勧誘していたことを知った。ママ友や幼稚園のお母さんたちに変な目で見られていたのはＸ社の勧誘をしていたことが原因だったと、すべての違和感の点がつながってきた。

娘は「幼稚園の○○ちゃんのお母さんがうちに来て、Ｘ社をやめたほうがいいよって一生懸命言ってくれてたんだけど……」と話しはじめた。「そのときママは？　なんて言ってた？」と聞いてみた。「ママはね。X社の製品はすごいんだよ！　X社いいよ〜って言ってたよ。そしたら◯◯ちゃんのお母さんがどうしてX社の製品がそんなにいいの？　ほかの会社の製品でもいいんじゃないの？　もうやめたほうがいいよ！　って言ったんだけど、ママはね、でもX社がいいの〜って言うんだよ」と。それを聞いて僕は、ただただ悲しかった。

「洗脳されてる？」

製品を買っているだけで、誰かに勧めることはしていない。てっきりそう思い込んでいたが、僕がそうであってほしいと信じたかっただけなのかもしれない。妻が読んでいる本も、スピリチュアルや怪しい健康本以外に、情報商材の本が増えていった。「わたしもビジネスをしたい」と妻が頻繁に言うようになった。「だからってこういう本はちょっと……」とたしなめると、「こういうふうに稼いでいる人を批判する人がいるけど、何が悪いのかわからない」と真顔になる。

僕はビジネスをしたいという妻を応援したかったので、主婦がビジネスをはじめるのに役に立ちそうな、できるだけしっかりした本を選んで渡したが、妻はさらっと目を通しただけで興味を持たなかった。このとき、妻の考えているビジネスとは何か、そして何をしていたのか、気づいてあげられなかったことが悔やまれる。

相変わらず、家のなかのX社製品は増え続けていた。妻の携帯の通知は鳴り続け、妻はその返信にいそしんでいた。家事がおろそかになっていった。冷蔵庫には、腐った食べものが目に付くようになった。僕のことはもちろん、娘のことも気に掛けなくなり、何か心ここにあらず、明らかにX社や、僕にはわからない何かに心をとらわれていた。口をついて出るのは、徹子さんへの強い憧れや、「トンデモ」な話題ばかりだった。X社をはじめて約2年が経ち、サプリやプロテインやエナジードリンクばかりを飲み、妻はがりがりに痩せてしまった。まるで別人のようだったが、平泉さんや徹子さんには「X社をはじめてからきれいになった」と言われると喜んでいた。そう話すときの妻は高揚した笑顔だったが、目は死んでいた。

ある日の朝、僕が家を出るとき、妻のあまりの様子に「洗脳されてる?」と思わず口をついて出てしまった。そのときはマルチ商法が何かも、X社のことも、僕はよくわかっていなかった。カルトのことも洗脳のことも知らなかったけど、「洗脳」という言葉が僕の頭に浮かんだのだ。妻は驚いた顔をしていたが、何も言い返さずきょとんとしていた。僕は黙って家を出て仕事に向かった。

妻、X社製品を処分したら寝込む

妻にX社をやめてほしいことを伝えると反発されたり、黙り込んでしまうということが繰り返された。X社のすばらしさを理解できない僕が悪いかのように言われてしまう。もう真正面からやめてほしいこと、X社の製品が嫌だということを伝えても、こじれるだけだった。X社の製品を買いはじめたときは、まさかこんなことになるとは思いもしなかっいずれ飽きるだろう。その程度にしか考えていなかった。どうしてこんな状況になった。てしまったのだろうかと、もうどうしたらいいかわからなくなってしまった僕は、離婚したいと妻に言うようになっていた。「X社の製品を家からなくしてくれ、捨ててくれ。X社じゃなくても良いものはいっぱいあるはずだから」と。最後の願いだった。

僕の願いは受け入れられて、家からすべてのX社製品がなくなった。「これでX社製品のない生活に慣れたら、目が覚めてくれるのでは……」。そんな甘い期待は３日で打ち砕かれた。X社製品がなくなって３日後、妻が床に横たわり動かなくなった。「空気清浄機がないと……、浄水器がないと……、X社の製品がないと、身体の調子が悪い」と、青ざめた顔をして床に寝そべり、身体をブルブル震わせていた。その姿を見て僕はあきらめた。本当にX社製品がないと妻は死ぬかもな、と。「いいよ。X社製品があってもいいよ」。いったん我が家から平泉さんの家に運び込まれていたX社製品が、再び持ち込まれ、また我が家はX社製品だらけになった。

別居、そして妻からのメール

もうX社製品にまみれた家にいることも、X社にハマり人格が一変した妻と一緒にいることもできなかった。これ以上、妻を嫌いになりたくなかった。僕は会社で寝泊まりするようになった。妻には離婚したいと話し、できるだけ不自由のないように協力したいとメールで伝えた。１か月家に帰らない僕に妻から返信が来た。

　　ズータンへ

今思っていることを書きます。
思いつくままに書くので文章が読みづらいかもしれませんが、ごめんなさい。

まず、私はつくづく自分の価値観を曲げることができないタイプです。

そのことでズュータンに不愉快な思いをさせてしまったこと、ごめんなさい。

台所仕事をはじめ家事全般も、ズュータンの理想にはほど遠かったと思います。

食事を大切にするというズュータンの価値観は、私に足りないところであり、見習わないといけないところだと思っています。

そのこともいたらなかったと思います。

ごめんなさい。


私がそもそもX社の鍋を欲しいなと思ったきっかけは何だったかな、と思い出してみました。

それは、お鍋でケーキが焼ける。というところと、少ない油で天ぷらとか揚げものができる。というところに魅力を感じたからです。

ケーキは買うもの、と割り切っていたし、揚げ物も本当は家でできたらいいけど、後片付けや火の危険さを考えると、お店で買えばいいか、と思っていました。

なので、そのことを聞いたとき、料理が苦手な私にも天ぷらやケーキが作れるかも？とワクワクしました。

耐久年数80年なら私が死ぬまで買い替えなくていいしと思いました。

実際に使ってみてやっぱり買ってよかったなと思っています。

玉ねぎのみじん切りも目が痛くならないし、ケーキも作れたし。天ぷらもできるし。

何より、初めて自分で磨き続けていこうと思った鍋でした。

（ただ、セットで買う必要はなかったなと思っています。一番大きいのは本当に出番がないので、ヤフオクに出そうと思っています）


でもX社をいいなと思うのは私の価値観であり、ズュータンに押し付けるつもりはありません。嫌いな人はたくさんいるのはわかっているし価値観は人それぞれなので。

私も例えば20歳ぐらいの時にX社の話を聞いてたら、興味ないですって断っていたと思います。

今の年齢で聞いたこともありタイムリーだったかなと私は思っています。

斎藤一人さんの本を読んだ時と同じような感覚でいいなと思いました。

ワクワクしたというか、ピンときたというか。

私は、例えば友達から「いい話があるから○○さん聞いてよ」と言われれば、自分が知らないことでなおかつよっぽどおかしいこと（例えば犯罪がからむとかオウム真理教とか）でなければ、ちゃんと友達の話は聞こうと思うタイプです。

それも私の価値観です。

なので、他のネットワークビジネスや新興宗教の話も聞きに行ったことがあります。どれもずいぶん前のことですが。

で、最後まで話をちゃんと聞いて自分には必要を感じなかったので、お断りしました。

X社の話も、聞いたことがなかったしどういうものか一回聞いてみたいなという気持ちでした。

美容の仕事の頃の先輩でX社の洗剤やサプリを愛用している先輩がいて、とても尊敬している素敵な女性だったので、私ははじめからX社に対する嫌なイメージはそれほどなかったです。

でも話を聞いてうさんくさかったら断ろうと思っていました。

聞いたら、私がいろいろ図書館の本や助産院で今までに得た知識、例えば牛乳や玄米、放射能から身を守ることや、砂糖のこと、予防注射のこと、化学調味料のこと、その他いろいろ、私が知っていることはほとんど知っていたし、私が知らなかったことも教えてもらいました。

私にとって興味深い内容でした。

例えば、育児のこと、酸化した油が子どもの脳に与える影響や、鬱の人に足りない栄養素、空気の大切さ。などなどまだまだ知らないことがたくさんあるなと思いました。

空気といえば……

友達の家に行くとたいていどの家にも空気清浄機ってあります。赤ちゃんや小さい子がいる家はたいていあります。

かいくん、しゅうとくん、なっちゃん、しーちゃん……

だいたいみんなシャープのプラズマクラスターが多いです。人気商品です。

私は、家の中の空気って汚いの？　このへん海も近いし木も畑もあるし、必要？　って思っていました。

でもその後に放射能汚染が深刻になりました。

そしてそんな時、X社の話を聞いて、家の中の空気が外の空気よりも何倍も汚れていること、特に寝ているときに吸う空気の質がすごく大切なこと（喘息の人の発作ってだいたい深夜2時とか3時だそうです）。X社の空気清浄機なら寝ている間に花粉はもちろん、セシウム、インフルの菌など完璧にとれることを知りました。

そういえば私、起きると必ずくしゃみを3回ぐらいして、で鼻をかんで１日がはじまっていました。１年中。

もうそれはアレルギー性鼻炎か何かだし、しょうがないと思っていました。

でも。

X社の空気清浄機を使ってごらん、鼻水もくしゃみも止まるよ。と言われたんです。

さすがに信じられず、１週間ぐらい貸してくださいとレンタルしました。前のマンションの頃です。

花粉の時期でもあり鼻も目も辛かったので使ってみたいと思いました。

効果がなければ買わなきゃいい話だし。安いものじゃないし。

で、使ってみてやっぱりよかった。すぐにわかりました。花粉症なので特に。

もう朝が楽で楽でびっくりしました。寝てる時の空気の質、なるほどなと思いました。体感したんです。

X社の空気清浄機は、10畳の部屋を5分で綺麗にできます。

これは本当にできないと言えないことなのです。訴えられてしまいます。

10畳の部屋の一番隅っこに小さな小さな菌をくっつける、そこから一番遠いところに空気清浄機を置く、スイッチを入れて5分以内にその菌がとれていないといけない。

そんなテストをクリアしています。

私は、シャープのプラズマクラスターがどんなものか、X社の空気清浄機がどんなものか両方知ったうえでX社を選びました。

たぶんコマーシャルを見る人は疑うことなくプラズマクラスターを選ぶと思います。

今PM2・5、今後もっと恐ろしいPM0・5というのまで来ると言われています。

中国では子どもが肺がんになっているというニュース、WHOが今後死亡原因となる疾患の1位が肺に関する疾患だと発表しています。

新型インフルも今後どんなものが出てくるか予想もできない状況。

私は今後の家族の健康に、もちろん自分の花粉症にも、この空気清浄機は価値があると思いました。

実際にX社は空気清浄機売上世界1位、浄水器1位、サプリ1位、化粧品も5位だったのが最近1位になりました。

サプリは海外サッカーチームのオフィシャルスポンサーにもなっています。

勧められるがままに何でも買っているわけではないので、それは伝えたいなと思いました。

私が買っていることで平泉さんにお金が入るわけでもないし、これを買いなさいと言われているわけでもない、情報をもらっているだけです。

X社で一儲けしようとも思っていません。

稼いでいる人も知っていますが、みな一様にパワフルです。私はそんな強い心は持っていないとわかっています。

あ、ねずみ講ではないです。どういうシステムでボーナスが発生するかも全部聞きました。公平すぎるぐらい公平です。どこまでいっても平等です。ねずみ講なら50年以上も会社存続できません。

10年前にはじめた人が誰にも伝えてなければ0円、3か月前にはじめた人でもたくさんの人に伝えていればボーナスが入ります。

先勝ち後負けのねずみ講とは違います。

私は必要だと思うものを買っている、使ってみて必要ないなと思うものは買うのをやめたりもします。

例えば歯ブラシ。大きすぎて私の歯には合わなかったです。小さめヘッドのほうが私の歯は歯垢がとれます。

情報といえば、ＩＨコンロ。家を建てるときにオール電化をすすめられ、ＩＨいいですよーと言われたけど、その時は漠然とただ火で調理するほうがいいんじゃない？と思ってガスがいいですと言いました。

そのあとで、ＩＨはとても危険という話を聞きました。

今はネットでもいろんな人がＩＨの危険性を言い出しています。

ガスにしてよかった、と思います。

情報ってあるところにはすごくあるし、ない人には全然ないんだなと思います。

最近幼稚園のお母さんに、○○さん何使ってるの？　なんでそんなに肌きれいなの？

その年には見えないんだけど。年齢、ごまかしてない？　とか、よく聞かれていました。

最近だけでも尾上さん、大林さん、中石さん、堀口さん、小島さん、など。

女としてうれしいことです。

娘の髪がつやつやなこともよく話題になります。

それに、以前使っていた化粧品よりも安い。

なので化粧品もシャンプーもいろいろ試した中でダントツに好きです。

こんなに他人に肌をほめられたことは今までなかったから。


洗剤も何が嬉しいかって、洗濯機がきれいになること。もちろん環境も汚さない。

カビ取りをしてびっくり、今まで出ていた黒カビが全然出なかった。

ああ、洗濯機ごときれいになるという噂は本当だった、と思いました。

娘の夏の白帽子も誰よりも白いし、久しぶりに出す夏服が黄ばんでいないのとかが本当に気持ちいい。ズュータンのTシャツも白くなったと思います。


些細（ささい）なことかもしれないけど、私にとってはすごくうれしいことです。

やっと納得できる洗剤に出会えたと思っています。

コスパ的にも少ない量で洗うから絶対安い。

すすぎも1回でいい。

浄水器のことも話せばいっぱい語れますが、ズュータンがX社を嫌いなことはよくわかっているし、そんなことを知りたいとも思っていないこともわかっているのでもう書きませんが、私はそんな風に考えています。

ちゃんと聞いて、見て、比較して、体感して、必要と思うものだけ買っているということは伝えておこうと思いました。


X社以前にも価値観の違いからよく喧嘩になっていたと思います。

そんなとき、腹を割って自分の本音をお互いに言い合えたらよかったのかもしれません。

私はいつも逃げていました。

口論とか争うことが怖かったです。

いつも口論や争い事が絶えない家庭で育ったからだと思います。

トラウマです。

だからそういう雰囲気になると貝のように黙る。

うちの母は黙るどころか父に口ごたえばかりしていました。
それでもっとひどいことになる。
黙ってればいいのに……いつも子ども心に思っていました。
なので私は黙ることにしたんだと思います。
なので、解決しないまま来てしまったなと思います。

現に今もメールでしか言えないし、会って話すのはしないほうがいいんじゃないかと思っている自分がいます。

なのでこんなに長いメールを送ってしまうこと、ごめんなさい。

私はズュータンがお金を稼いできてくれることに対する感謝がありませんでした。あるものにフォーカスできず、ないものにフォーカスしていました。

住む家がある・家庭がある・お給料がある・ご飯が食べれる
ではなく、
車がない・ボーナスが少ない・ズュータンが元気がない・旅行に行けない

とかそんなことばかり考えるようになりました。

ママ友ができてからだと思います。

妊娠中も産後もお給料は変わっていないのに産後のある日突然、娘が1歳半ぐらいの時、ガクッと感じました。あ、うちって豊かではないのね、と。

よそと比較することで不幸ははじまるんだなと思います。

明らかにその日を境に私の幸せ感が薄れていってしまいました。

自分でもどうしようもないとめられない感情でした。


その時のその気持ちをズューターンに正直に話すなり、カウンセラーに相談するなりすればよかったのかもしれないけど、私はどうにもならないイライラをズューターンにぶつけてしまいました。

すごくダメな嫁ですね。


長年生きてきてこの年までお金のことをちゃんと考えたことがありませんでした。

結婚するなら年収いくら以上とかそんなこと興味もなかった。

貯蓄とかもなんとかなるさーと思っていました。

ネットで「お金のトラウマ」という言葉を知り、お金と自分の棚卸しをしました。

私はお金に対してネガティヴな感情を持っているんだな、とわかりました。

まぁお金のことでもよく喧嘩している両親だったので。

お父さんは旅行とかおいしいものにお金を使いたい人、お母さんはドケチ。合うわけがない。

そしてお母さんは子どもよりパートで小銭を稼ぐことに一生懸命で全然かまってくれない。

寂しいからお小遣いは全部物に変えていました。

いっぱいあるのに筆箱とかえんぴつとか買ってきてまた怒られる。

いろいろお金に関する本を読むと、へーそうかと思うことがたくさんあります。

今私はお金のことを勉強する時なんだと思っています。

離婚のことも、逃げていてもだめだと思いました。

正直シングルマザーでやっていけるのか不安でしたが、離婚になるのはもう仕方ないなと思っています。

X社以上のものが見つかればそれに変えると思いますが、今のところ一番いいと思っています。


今まで不愉快な気持ちにさせたこと、本当にごめんなさい。

そして、いろいろ手伝ってくれて、おいしいご飯をたくさん作ってくれてありがとう。

家事ができていなくても文句も言わず目をつぶってくれてありがとう。

娘にいつも優しいお父さんでいてくれてありがとう。


家のローンのこと、別に暮らすとなるとさらに家賃がかかること、もうすぐ年長になる！　とはりきっているのに幼稚園をやめさせていいものか、やめたとして保育園には入れるのか、と、いろいろなことで悩んでいます。

3月の親園会では役員決めもあり、何もしていないし一人っ子の私にはやるんでしょ、というプレッシャーもあり困っています。

幼稚園を続けられるかもわからない状況なのに……。


仕事は今週一つ面接に行く予定です。パートです。

娘にはできるだけ会ってほしいです。私が一人で育てていけるとは思っていませんし、娘もそれを望んでいます。
娘にとって大切なお父さんですので。

○○

妻からのメールを読んで、はじめてもう僕の知っている妻ではないことに気づいた。X社製品の説明も何を言っているのか理解できなかった。X社の洗剤で僕のTシャツはそんなに白くなっていなかった。洗濯槽が汚れてないのは僕が掃除をしていたからだった。たしかに妻はきれいだが、X社製品を使う前の妻のほうがきれいだった。妻がX社製品すごいというのはすべてまぼろしだった。そして最後の「お金のトラウマ」って何だろう？妻が怖かった。

誰かに話すのは恥ずかしかった

妻がX社の製品を買っていること、様子がおかしいことは、ずっと夫婦の問題だと思っていたし、誰かに話すのは恥ずかしいという気持ちがあった。だが、僕は居ても立ってもいられず、地方に暮らす義姉に相談のメールをした。「私、ズュータンの気持ち、よくわかります。うちに泊まりに来たときもずっとあれを食べてはいけない、これを食べると病気になるとか、そんな話ばかりされてゲンナリしました。X社の話もしていました。妹は洗脳されてると思いました」という返事が来た。

妻は幼稚園のお母さんたちにもたくさん勧誘していたのではないか？　と不安になり、園長先生、主任の先生へ相談しに行った。「妻がX社をしていることには気づかなかった。知らなかった。おとなしいイメージだった」と言われた。園長先生が「夫婦で腹を割って話しあえばなんとかなるわよ」と言うと、主任の先生が「園長先生。ダメなんですよ。腹を割って話すとかそういう問題じゃないんですよ。マルチ商法って……。私、前に勤務していた幼稚園でX社にハマっているお母さんがいたんですけど、何を言ってもだめ。すごく口のうまいX社の年配の女性に洗脳されてるんです。家族や友達が心配したりやめさせようとすれば、その人のことを悪く言って、引き離そうとするんです。ズュータンさんの奥さんもX社の年配の女性にいろんなこと言われてると思いますよ。奥さんが自分で気づくしかない」と言った。妻は園長先生のことをとても信頼していたので、園長先生から何か言ってくれれば、妻の目が覚めるのではないかと頼んでみたが、園長先生からは「私からX社のことを注意することはできない」と言われた。たくさん行事がある幼稚園だったので、「年長になるとお母さんたちが忙しくなるから、そのうちX社から気持ちが離れていくのではないか」と慰めてくれた。

僕は妻からのメールに、「今の気持ちを素直に話してくれてありがとう。いままで妻の気持ちがわからなくて申し訳なかった。妻のX社への強い思いがわかった。たぶん僕がX社への理解がないから、平泉さんからX社のことを話さないほうがいいと言われていたのだと思う。X社に興味があるからX社の製品のことを教えてほしい。いいものだと思ったらX社の製品を買いたい。平泉さんや徹子さんに健康や食のことでどういう話をされていたのか僕も勉強したいから教えてほしい。そして、お金のトラウマって何？」という返信をした。それにたいして返ってきたのが次のメールだった。

ズュータンへ

洗濯物がなかったけど、洗濯はどうしていますか？
生活は大丈夫ですか？　お金はたりていますか？

遅くなりましたが、返事を書きます。

ズータンがX社をいいと思う私について少し理解をしてくれたこと嬉しく思います。
なので、いい加減なことを書いてはいけないと思い、いろいろ調べていました。
私自身、一つ良ければ後のものも絶対いいに決まってる！　とか思うタイプだし、直感で感じて動くようなところもあるので、ちゃんと製品について改めて調べました。

まずは鍋のこと
強火にできないというのは、正確に言うと、強火にする必要がないということです。
熱の伝わりがとても良く、速いので、中火でもすぐに鍋全体が１００度になります。
重ね料理ができる3段の鍋もありますが、下段中段上段全て１００度になります。
下でキムチ料理をしつつ真ん中でプリンができる、そうです。
全てが１００度だと匂い移りがしないそうです。

中火で余計な火力を抑えることで、ガス代を節約、ということです。
強火にしても鍋に問題はないです。ただ、取っ手はプラスチックなので、劣化につながるので取っ手のためにも中火がいいと思われます。

あと、玉ねぎのみじん切りが目に痛くないと書いたのは、フードプロセッサーのことです。

あの部分だけ鍋ではありませんでした。

急に話が飛びました。


フープロもX社のはすごいんですよ。

フープロと言えばコレ！　といわれるのが、海外大手メーカーQ社のフープロらしいです。

小田急とか伊勢丹とかのキッチンコーナーにはあるはずです。

料理家のキッチンにもよくあります。雑誌でよく見ます。見た目もおしゃれ。


X社のフードプロセッサーはQ社が作っています。

コラボしています。そういえば形が似ています。

でも、Q社にはないX社だけの機能があります。

それが卵の泡立て機能です。なので、あれがあるとケーキが作れます。

しかも、そのQ社にない機能がありながら、Q社よりも価格が安いのです。


なぜ、高機能で安く販売できるのか。

それは、X社は会員制のカタログショッピング、何万人か何十万人か忘れましたが、私のような会員がたくさんいます。

なので、どのぐらいの市場があるか、つまりどのぐらいの売り上げになるかがわかるからです。

予想がつくというか。

なので価格がおさえられるのです。と聞きました。

作ってみたけど売れなかった、ということがないからです。会員制なので。

次ですが、育児のことはいろんなことで相談にのってもらっていますが、生理前や排卵日あたりにすごくイライラしてしまうと相談したとき、女の子は母親の影響を6歳ぐらいまで受けるよと。お母さんがイライラだと娘は敏感にそれを感じ取っているよと言われました。

ちなみに男の子は一生と言っていました。男の子のほうが母とのつながりが強いらしいです。

なので、ホルモンのバランスを整えることが大切だと思っています。

それに一役買うのがサプリメントです。

そんな話や、

あとは、こないだ少し話したけど、子宮頸がんワクチンについて。

子宮頸がんワクチン、小学生の女の子に受けさせましょうと厚生労働省が発表して少し経った頃。

徹子さんに言われました。

「今日聞いた情報伝えるね。子宮頸がんのワクチン、娘さんに絶対に受けさせちゃだめよ」

「はい。でもどうしてですか？」

「すごく恐ろしいのよ……」で、その後話してくれたことは、国家規模で日本を少子化にもっていく大きな動きの一つだというようなことを言っていました。受けると子どもができにくい体になると。

私はもともと国が進めるワクチンには警戒していたので、（助産院で聞いた影響もあり）受けさせないつもりでしたが、改めて聞いてよかったと思いました。

その後にワクチンをうけた女の子の後遺症の話がどんどん出てきた。

しかももちろんニュースにはならず、ネットで出てる。

ツイッターには被害者の会のお母さんが悲痛な叫びをあげています。

ついこないだまで部活をして元気に過ごしていた娘が、歩けなくなっていたり起き上がれずに学校を休みがちになっていたりする。

子どもができにくい以前の状態。ひどい状況です。

知らずに受けさせてしまった親たちは本当に悔やんでも悔やみきれないと思います。

今頃やっと厚生労働省はワクチンの安全性を再度確認するとか言っています。


母親は無知ではいけないと思うのです。

ワクチンのこと、私が無知で娘が小学生なら普通に受けていたかもしれない。

国が言うなら安心でしょって。

私がX社を好きな理由は、そういう質の高い情報が飛び交っているところ。


アルミ製の鍋、日本では普通にそこらへんに売られている。ゆきひら鍋とか。

でも先進国では日本以外は販売を禁止しています。害があるから。

菅総理大臣の頃にアルミ鍋の危険性について国会で話が出たらしいのだけど、うやむやになってしまってそれっきりだそうです。

だから私はステンレス製のX社の鍋を買ってよかったと思います。


あと、アメリカは最近、マーガリンに含まれるショートニングの入った食品の販売を禁止しました。

ショートニングは狂った脂という別名があります。

日本ではマーガリン、お菓子にもたくさん入っています。パン粉とかも。

普通にいろんなものに使われています。

選ばないといけません。


あとはこないだも書いたＩＨのことや、電子レンジの電磁波が有害なことや、牛乳が有害であることも。

私がそうだったのか！　といろんな本などで知ったことは、Ｘ社はとっくに知っていてやっているって感じです。

そういうところが好きです。


うつ病の人は栄養不足というのも驚きました。過去のことや今の社会の問題でなるものだと思っていたので。もちろんいろんなことの重なりでなると思うのですが、脳にタンパク質がしっかりあると改善するそうです。

うつ病　タンパク質と検索すると結構出てきます。

そこでプロテインなのです。しかもＸ社のプロテインは１００％植物性。有機大豆です。

うつ病がこんなに増える前から、X社はずっとプロテインですよ。タンパク質ですよ。と言っていたのです。

私も最近いろいろ疲れからこたつから出られず、寝ても疲れがとれず、無気力感がありました。

プロテインは本当に凄いと思っています。飲んだらすぐにわかります。

一人、こんな例を聞きました。奥さんがX社を知って取り入れたくなった。

旦那さんは猛反対。でも旦那さんはパニック障害があった。

急行電車に乗れない。

奥さんは離婚してもいいから、とにかくサプリとプロテインをとってみてという。で、とってどのくらいか忘れたけど、旦那さんのパニックの発作が出なくなったそうです。

これは徹子さんの知り合いの話です。

こんな話はたくさん知っているそうです。

私もやっぱりとると気分がいいです。娘にもいいと思って飲ませています。

牛乳は給食でも断ろうと思っているぐらいなので。そういう友人は幼稚園にも結構います。

斎藤一人さんが「本も読まずに乗り越えられる時代じゃないですよ」という言葉を色紙に書いていましたが、本当にそうだなと思うし、私はサプリメントも飲まずに乗り越えられる時代じゃないですよとも思います。

戦前の野菜と今の野菜、栄養価がすごく減っています。
緑黄色野菜が淡色野菜になってしまったものもあります。
肉も魚も……安全性がわからないし。ストレス社会ですしね。

そんなわけで、私にはタイムリーにX社が入ってきたと思っています。

長くなったので浄水器や空気のこと、また書きますね！

ちゃんと調べたと言っているが、平泉さんや徹子さんから聞いたことを鵜呑みにし、X社を信奉している様子が窺えた。僕は反発してはいけないと気をつけながら、たとえばX社の空気清浄機だとセシウムが完璧に取れるとか、サプリメントやプロテインがうつ病やパニック障害に聞くとか、どんな成分が入っているのかとか、子宮頸がんワクチンのことか、聞いたことが本当にそうなのか、平泉さんや徹子さんに確かめてほしい。もう少し科学的根拠を教えてほしいとメールをした。それにたいして妻からは「わかりました！聞いてみるね！」と返事が来た。「よし！　平泉さんや徹子さんの回答に疑問を感じて、それで目が覚めてくれるかもしれない！」そんな期待を抱いたが、数日後、超低いテンションで次のメールが届いた。

ズュータンへ

平泉さんや徹子さんが話したこと、私は全てメモを取りながら聞いているわけではありませんので、正確に教わった通りには伝えられません。

平泉さんたちだって、自分の主観が入りながら話してしまうこともあると思います。

なので、セシウムに関しても、完璧に取れると言った間違えた情報になってしまいました。私の聞き間違いか、捉え間違いです。

すみません。

それに、他にもX社の仲間はたくさんいて、誰がどんな話だったか、いちいち覚えていません。

私がいい加減なことを言うのはしたくないので、X社のカタログや書籍で調べてください。それが一番間違いがないです。電話で聞けるところもあります。電話番号もカタログに載っています。

必要があれば古いカタログはあるので持って行ってください。返却不要です。

紳士的な会社だと私は思っています。

前にも書いたと思うけど、X社の製品を使っていて、60歳を過ぎていて、こんなに綺麗でスタイルの良い、昔はすごい持病だらけだったのに、今じゃ風邪ひとつひかないという、平泉さんや徹子さんみたいな人がたくさんいたら、それが製品の確かさを証明していると私は思います。

私を含めX社を好きな人って、そんなに他社とのデータの比較とか、内容成分を細かく調べたりとかしないですよ。

X社をやってる人が好き！　綺麗！　パワフル！　オッケー！　やる！　こんな感じです。３秒もかからない……。

だから好きな人はとことん好きだし、嫌いな人は大っ嫌い。

それでＯＫだと思います。

これで最後にします。

妻は平泉さんや徹子さんに、いままでの話の根拠を聞いてみたのだろう。だが聞いたことじたいを叱られたのだと、僕には感じられた。これ以上、X社や平泉さんや徹子さんに疑問を持つようなことを言えば、妻は僕を避けるだろう。

僕、ついに頭突きしてしまう

妻からメールが来て、娘が「パパどこ行ったの？　パパと遊びたい」と言っていると言われた。「帰ってきてほしい」と。僕は1か月ぶりに家に帰った。娘は少し前に僕と観た『アナと雪の女王』が気に入ったらしく、また映画を観に行く約束をした。妻と話しあい、娘が幼稚園を卒業したら離婚しようと決めた。それまでに妻は娘とふたりで暮らしていく準備をしたい。急に離婚してひとりで娘を育てていくのは自信がないと言われた。X社にドはまりし、「お金のトラウマ」などと口走る妻が娘を育てられるのだろうか……。だが、僕はできるだけ妻を刺激しないように、あと1年を乗り越えようとした。せめて無事に、娘に幼稚園を卒業させてあげよう。それだけを目標にしてがんばろうと。

だけどX社だらけの家で、人格の変わってしまった妻と一緒にいることは耐えられなかった。相変わらずX社製品を買い込み、コンビニの前を通れば「コンビニに置いてあるのは身体に悪いものばかりだから」と怒りをおさえられない妻、スーパーに行けば放射能や農薬を気にして「こんな野菜を売るなんて」とおびえている妻、ドラッグストアに行けば「薬なんて身体に害しかないのに……」、洗剤も化粧品もこんなにモノの悪い製品を置いているなんて」と愚痴をこぼす妻。そして空気清浄機の音に耐えられなくなった僕は、気づくとある朝「お願いだからX社をやめてくれ」と懇願していた。「X社はすごいんだよ。システムもTポイントカードみたいなものだよ！」と声を荒らげた妻に、僕は「マルチ商法だろ！」と言ってはいけないことを言ってしまった。それに対して妻は「X社はただの通販だよ！」と反射的に強い口調で言い返してきた。そのときの妻の目にはX社をマルチ商法というやつは許さないという揺るぎない意志があった。妻の目が怖かった。

気づいたら僕は妻に頭突きをしていた。僕の頭が妻のおでこにコツンと当たった。本気で頭突きするつもりだったが、ほんの少しだけ冷静さが残っていた僕は、当たる直前で力を抑えた。だが妻のおでこに当たってしまった。これまで手を出さないように気をつけていたが、頭が出てしまった。僕は、今まで抑えてきたものを押しとどめることができなかった。「出てってくれ！　X社の製品も全部家から出してくれ！」。そう言い残し、僕は家を出た。

夜、家に帰ると、妻と娘の姿はどこにもなかった。X社の製品は、すべて家からなくなっていた。平泉さんとX社の仲間たちが家にやってきて、荷物を運び出していったことは察しがついた。他にすぐに家に来て荷物を運び出せる人は思い当たらなかったから。それ以来、妻と娘が帰ってくることはなかった。妻と娘が平泉さんの家で暮らしはじめたのを知ったのは、だいぶあとになってからだった。

第2章

離婚調停――妻の身にいったい何が起きていたのか?

離婚調停の通知が届く

妻と娘がいなくなって半年経った頃、僕は1日中、競艇場で時間をつぶすような生活を送っていた。12レースのあいだ舟券を買うこともせず、ただただ舟を観ていた。仕事が手につかず、妻と娘のことが心配で頭から離れなかった。混乱と困惑と怒りと情けなさと、なんて言ったらいいかわからない感情がないまぜになっていて、どうやって時間をやり過ごせばいいかわからなかった。家には月に一度、空気を入れ替えるのと、郵便物の確認で帰るだけだったが、妻と娘がいない家にいるとつらくなってきて1時間もすると家を出ていた。日中、娘と同じ年ぐらいの子ども連れのお母さんとすれ違うといたたまれなくなった。競艇場にいれば子ども連れのお母さんに会うことはない。江戸川、戸田、平和島、多摩、その日に開催している競艇場へ出かけた。駅から競艇場に向かう送迎バスの車内から世界は変わる。初老の男性や仕事を抜け出してやってきた労働者でぎゅうぎゅう詰めになる。そんななかに身をおくことで気を紛らわし、自分を保っていた。

すぐに戻ってくるだろうという思惑とは裏腹に、妻と娘は何日経っても戻ってこなかった。いなくなってから1週間後、娘の安否を確認するため幼稚園に電話をした。娘は幼稚園をやめていた。理由を聞いたが関わりたくないという調子で電話を切られてしまった。妻も娘も幼稚園が大好きだった。まさか幼稚園をやめることはないと思っていたが、僕の見通しは甘かった。

それから1か月半後、郵便ポストに離婚調停の期日通知書が届いていた。

調停の通知が届いたことはショックだったが、何も手立てのない僕にとって、調停委員という第三者が入ることで、妻が自らの立場や状況を客観的に顧みることができるのではという期待があった。そのために調停では妻の状況を正確に伝えなければいけない。僕は妻がX社にハマっていたことを示す証拠を集めることにした。何より僕自身、妻の身に何が起きていたのかを理解したいと思わずにはいられなかったのだ。

ママ友、近所の住人……、証言の数々

1　友人

まず、つきあいが長く、今も一番仲良くしているエリリン（仮名）という妻の友人にメールをしたが返事はなかった。エリリンは妻と同じ「冷えとり」という健康法にハマっていた。エリリンのツイッターのプロフィールを見てみると、「冷えとり○年目」と書いてあった。エリリンは同じ穴の貉（むじな）だろう。エリリンから話を聞くのはあきらめた。

次に同じく妻の友人の、小学校教師をしているミツコさん（仮名）に電話をした。

「○○（妻）、いろいろハマりやすいからね……。X社の話もされたけど断ったよ。だってなんかうさんくさかったから（笑）。そんなに心配することなの？　たしかに家のなかX社製品だらけだったもんね。でも安いんだからいいんじゃない。え？　高いの？　だってX社の製品は質が高くて安いって言ってたよ（笑）、あんなに安い安い言うから安いんだと思ってたよ。え？　あの空気清浄機が14万もするの！（笑）」

ミツコさんは妻がX社にハマっていたのを深刻なこととは思っていないようだった。たしかにX社をはじめてから変わったような気がするとは言われたが、洗脳なんて何を言ってるの？　ズュータンのほうがおかしいんじゃないの？　という感じだった。ミツコさんは深刻なことだと認めたくなかったのかもしれない。むしろ妻が出て行ったのは僕が悪いのではないかと考えているフシがあり、僕が責められているような気さえした。ミツコさんの気持ちはわからなくもない。マルチ商法が原因ではなく、僕が悪いから家を出て行ったということにしたほうが面倒に巻き込まれずに済むだろうから。

僕は「勧誘されても相手にしないでくれ」とだけ告げて電話を切った。

2 母

X社のことは夫婦の問題だと思っていたので、ずっと母には黙っていた。母は妻のことをかわいがっていたからショックを受けるだろうし、父の介護で疲れていて心臓も悪い母に心配をかけたくなかった。

だが気づいたら母に電話をしていた。ずっと前からX社にハマっていたこと、離婚調停の通知が届いたことを伝えた。すると妻から定期的に手紙をもらっていたことをはじめて聞かされた。そのなかにX社の製品を使ってほしいこと、母の住むマンションの近くにX社のショップがあるので、そこで買い物をしてほしいこと、X社のシャンプーがとてもいいからとシャンプーをくれたこと、体調が良くなるからと冷えとり靴下セットをプレゼントされたことを聞かされた。

母は、ちょうどX社をはじめた頃から妻の様子がおかしいことには気づいていたという。「とても表情が豊かだったのに、顔が能面のようになってて……ときどき目がすわっていたんだよね……。花火を観に行ったときも、公園に行ったときも、ズュータンと距離を置いて歩いてた。できるだけズュータンと離れるようにしているから、あんたたち夫婦は、もう駄目なんじゃないかなと思っていた」と。だが、その原因はX社にあるとは思いもよらず、僕に原因があってうまくいっていないのではと考えていたそうだ。「X社はねえ……」と母は声を詰まらせた。

僕の実家は小さな飲食店を営んでいた。お店で使っていた洗剤にX社と書いてあったので、僕も小さな頃からX社の名前だけは知っていたのだ。洗剤は父の同級生から買っていた。その同級生は地元の名士の奥さんであり、店の常連でもあったので勧められると父は断れなかった。洗剤のほかにもいろいろな製品を買わされていたので、母はX社のことを嫌がっていた。だから僕も子どもの頃からX社には嫌なイメージがあった。その同級生はお金持ちの奥さんのサイドビジネスという感覚でX社をしていたと思うし、そのときは洗剤や家電ぐらいで、今のようにサプリメントやプロテインも扱っていなかった。徹子さんのように自宅に人を集めて、怪しい健康の話や自己啓発の話をしていたとは聞いたことがなかった。

そういうわけで、もともとX社にいいイメージはなかった（だから最初にその名前を妻から聞いたときに警戒したのだ）。製品を買うことで家族が嫌な思いをするぐらいは想定していたが、あんなに無闇に製品を買うとか、マルチ商法の人たちとのつきあいが深まって人柄までも変わってしまうとは想像さえしていなかった。その認識の甘さというか、無知というか、それが落とし穴だった。

3 近所の住人

妻があらゆる人を勧誘してX社に巻き込んでいないか心配になった。僕と同じような思いを他の誰かにもさせてはいけない。もし勧誘して妻と同じようになっている人がいたら、謝りに行って事情を説明し、平泉さんや徹子さんとのつきあいをやめてもらうつもりだった。僕は妻が勧誘をしていなかったか聞いて回りはじめた。

もともとつきあいのある町内会の役員である恩田さん（仮名）なら平泉さんと徹子さんのことを詳しく知っているかもしれない。恩田さんの家の玄関のチャイムを鳴らした。玄関を開けた恩田さんは僕を見て気の毒そうな顔をした。

「あなた！　なんで奥さんは平泉さんや徹子さんなんかとつきあってたの？　X社ってマルチ商法でしょ？　あのふたりなんなの？　町内会の会合で月に1回会うたびに徹子さんが平泉さんのことを褒めるのよ。X社をはじめてから平泉さんこんなに綺麗になったって。X社の製品、サプリとか化粧品とか使ってると平泉さんみたいに心も体も美しくなれるって。それを聞いて平泉さん喜んで。平泉さんは、まるで徹子さんの犬みたいなの。そのときのふたりの笑顔が気持ち悪いのよ。あれって宗教なの？」

4　ママ友

幼稚園のママ友や、地域のママ友にも話を聞かせてもらった。やはり妻は勧誘していた。幼稚園のママ友には、X社とは口にせず、たった５００円で参加できて、すごくセンスのいい人が教えてくれる料理教室があると言って平泉さんの家に誘うのがパターンだった。特商法に照らせば、勧誘目的であることを隠して、マルチ商法の集まりに誘うことは禁止されている。これは悪質なマルチ商法の勧誘の手口と言える。地域のママ友のあいだでは平泉さんがX社をしていることは有名で警戒していたと聞かされた。みな、妻がX社にハマって人が変わったことを残念に思っていたと話してくれた。

僕が聞いて回った限りでは妻が勧誘してマルチ商法の深みにハマった人は幸いにもいなかった。洗剤を買わされたぐらいの被害だった。事実はそうではないかもしれないが、そうであってほしい。しかし、ひとり心配な女の子がいた。ヒカルちゃん（仮名）という友人だ。ヒカルちゃんは過去に悪徳エステに騙され１００万円の返済に苦しんでおり、結婚生活もうまくいかず悩んでいた。そんなヒカルちゃんのことを妻も「ヒカルちゃんはちょっとねえ……」と心配していた。そういえば「うちの近くまでヒカルちゃんが遊びに来るから、娘と遊んでいてほしい」と言われていたことがあったことを思い出し、その日にヒカルちゃんは平泉さんか徹子さんの家に連れ込まれていたのではないかと不安が募った。ヒカルちゃんならハマッていてもおかしくない。

ニセ医学を検証する

妻がX社にハマったことを僕の友人や知人に相談して「ええ!?」と驚かれても、たいていそのあとに「X社ってモノはいいって聞いたことあるけど」「洗脳なんてあるの？　たしかに宗教っぽいけど」というようなことを言われていた。それでも話を続けると「そんな話は聞きたくない」という顔をされてしまうので、僕は誰にも話さずひとりで抱え込むようになった。消費者センター、弁護士、区の生活課（徹子さんは区の施設でセミナーを開催していたことがあったのだ）にも相談に行ったが、「気の毒ですね……」「情報は共有しておきます」「本人が気づかないとどうしようもないです」と言われるだけで、有効な解決手段は見つからなかった。

あまりに僕は憔悴(しょうすい)していたし、聞くほうにしても、どうしたらいいかわからない話なので、みなを困らせるだけだった。ただでさえアラフォーの男の苦悩なんて聞きたくないだろうし、そのうえマルチ商法が絡んでいたら誰も聞きたくないだろう。誰にも理解してもらえないやり切れない思いをツイッターでつぶやきはじめたのはこの頃からだった。

ある日、ツイッターのタイムラインに、とある本の話題が流れてきた。タイトルは『「ニセ医学」に騙されないために』。目次に目を通すと、ワクチン有害論、医療介入を極端に避ける自然分娩、怪しい健康食品……etc.。何やら聞き覚えのある項目がずらりと並んでいた。妻が信じていたのはニセ医学だったのでは？　と気になり、すぐに買って読んでみた。妻が信じていたことのひとつひとつが科学的根拠をもとにニセ医学として批判されていた。僕のなかには、妻がネットで調べたり、平泉さんや徹子さんから聞いたりした情報が本当なのではないかという気持ちがわずかながらあったが、この本をきっかけに世の中にはニセ医学と呼ばれるものがあること、健康や医療に関しては科学的根拠を大切にしなければいけないことを知った。僕もニセ医学に騙されていたひとりだった。僕自身のリテラシーが低かったために妻がハマっていくのを止めることができなかったのかもしれない。

それからは、これまで目を向けてこなかった、厚生労働省などの公的機関や学術機関が公開している情報に目を通すようにした。平泉さんや徹子さんに水道水は危険だと言われていたことが本当なのか、水道局のホームページを見たり電話をして聞いてみた。牛乳が身体に有害と聞いていたが、Ｊミルクという業界団体に問い合わせて本当かどうか確認した。その後、Ｊミルクでは牛乳有害論を伝えている書籍について、書いてあることに根拠がないことを丁寧にホームページで説明していた。そうして、妻から聞いていた食や栄養の情報をひとつひとつ確かめていった。牛乳有害論も、砂糖は麻薬だということも、サプリやプロテインをたくさん飲んでビタミンやたんぱく質をたくさん摂らないといけないことも、薬は毒だということも、東京は放射能に汚染されてるということも、妻がネットや平泉さん徹子さんから得て怯(おび)えていた情報は、何もかも根拠のない話だった。そしてその話に妻はパニックになり、Ｘ社製品や、自然派医師にすがるようになっていった、ということが見えてきた。

調停は１年半の長期戦に

何人かの弁護士に相談していたが、結局、依頼はしないことに決めた。弁護士に頼むとどうしても勝つか負けるかという論点になってしまう。調停は離婚の話し合いの場であるが、調停をきっかけに妻の目を覚ましたいというのが僕が望んでいたことだった。弁護士が入ると妻の感情を逆撫ですることになるだろう。妻の機嫌を損ねたら彼女が自分の身に起きていることを客観的に捉えることは難しくなると思った。

経験豊富な調停委員があいだに入れば妻も冷静になってよい方向に向かうのではないか。しかしそううまくは進まなかった。ここまでも僕の説得に妻が耳を貸すことはなかったので、長期戦になることは覚悟していたが、結局調停は1年半にわたることになる。

調停委員との面会は、僕と妻が顔を合わせないように交互に行われる。妻の要求は早く離婚したいこと、それとお金のことだった。僕は離婚するのはしかたないと思っていたし、むしろ離婚してケリをつけたかった。ただ心配なのは妻が好ましくない形でマルチ商法に関わってしまっていることだ。離婚してお金を渡してもマルチ商法や高額な情報商材に費やしてしまうのではないか、何よりそのような状態の妻に育てられる娘のことが心配でならなかった。マルチ商法をやめて娘と幸せに暮らしてくれるならそれでいい。そのことを調停委員に伝えたが、調停委員もなかなかマルチ商法にハマるということを理解してくれず、妻の態度も頑（かたく）なだった。

しかし、僕が用意した資料を少しずつ見せて説明していくと、調停委員はただ事ではないことを理解しはじめてくれた。妻は早く離婚して、家を売って、売れた金額の半額を渡してほしいと主張していた。僕は正直、家を売ることまで考えられなかった。家のことを考えたくもなかったし気力もなかった。それに35年ローンを組んだばかりで家を売る決心もつかなかった。売っても僕には借金しか残らない。お金のことよりも、まずはマルチ商法をやめてほしかった。それさえしてくれたら要求をのむつもりだった。調停委員からもひとこと言ってくれないかとお願いしたが、調停委員は困った顔をするだけだった。それはそうだ。調停委員は妻にマルチ商法をやめるよう指導することが役割ではない。初回の調停では別居中は婚姻費用（別居中の妻と娘の生活費）を毎月払うという手続きを済ませて終わった。

もはや限界、反対する夫はどう攻略されるか

2回目の調停中にも妻がどのようにマルチ商法にハマっているか調停委員に説明したが、妻からの家を早く売ってほしいという要求は変わらない。あれだけお金を使ってしまったのだから、家を売ったお金を渡しても、すぐに良からぬことに使ってしまうだろうことは目に見えていた。僕は緊張と焦りが最高潮に達し調停中に金縛りにあってしまった。身体を動かすことも声を出すこともできなくなってしまった。調停は中断した。

3回目の調停は、僕が毎日競艇場に通っていた頃だった。申し訳ないが家を売ることを

考えられるような精神状態ではないことを伝えた。妻からは「家を売る手続きも自分がする。売りたくないなら誰かに貸す手続きも自分がするから、家を処分してお金を渡してほしい」という要求だった。

妻と娘がいなくなってから、ざるそばとピーナッツぐらいしか喉を通らず、酒と精神安定剤でフラフラになっていた僕は、判断能力がなくなっていた。体重も12キロ減っていた。「もう家を売ってもいいかな」という気になりかけ、妻の希望を受け入れようかと心をよぎった。調停では「少し休ませてほしい」と言うのが精いっぱいだった。「ちょっと疲れてるから、今度は僕のほうから調停を申し立てるから、少し待ってほしい」と伝えた。男性の調停委員からは妻にそのことを伝えたら「なんでかな？」という顔をしていましたと言われた。調停の部屋を後にするとき、女性の調停委員が涙ぐみながら「ズュータンさん。ファイトです！」と励ましてくれた。

この頃僕のツイッターには、「わたしもそうなんです。ズュータンさんの気持ちわかります」などと、マルチ商法で同じような境遇にあった人からのメッセージが届くようになっていた。そのなかには僕と同じように離婚した人、上位会員から離婚を勧められたことのある人からの情報も集まってきた。

会員の旦那がX社に反対している場合、まずはX社に取り込めないか可能性を探る。取り込めない場合は旦那に内緒で奥さんをX社の集まりに参加させる。少しずつ製品を買わせたり自己啓発セミナーや毎日のラインなどでX社にハマらせる。X社に理解のない旦那さんをダメな旦那さんだと刷り込む。X社に理解のない旦那さんと一緒にいていいのか？と疑問を抱かせる。離婚させて旦那さんの財産を搾り取る。「離婚してもX社で成功すれば大丈夫だから。心配することないから。仲間もいっぱいいるから。X社に理解のある人と一緒になったほうが子どもも幸せだよ」と繰り返し言われる。これが一連の流れだそうだ。

僕は数か月に1回程度、妻にメールを送っていた。妻がネットや平泉さんや徹子さんから得ていた情報はトンデモと言われるような不確かな情報だったのではないかと、信じている情報が本当か疑問があるだけで妻のことを責めているわけではないと。妻が気を悪くしないように文面に細心の注意を払いながら。『「ニセ医学」に騙されないために』をはじめとする、科学的根拠がしっかりした本を何冊も送ったが返事はなかった。妻が読む本はトンデモと呼ばれるような本に偏っていて、人柄も変わったように感じられた。できるだけ日常を感じてもらえるような本を読んで、普通の生活の感覚を思い出してほしかった。

そのために『岡崎に捧ぐ』という小学生を主人公にした漫画を送った。『岡崎に捧ぐ』を選んだのは、主人公がどこか娘と似てると思ったからだった。いつもメールは返ってこなかったが、『岡崎に捧ぐ』だけは面白かったというメールが返ってきた。

僕、DVを疑われる

それから約半年後、今度は僕から調停を申し立てた。妻と娘は平泉さんの家を出てアパートを借りていた。そのアパートがある地域を管轄している家庭裁判所での調停になった。

今度は家を売るよりも、早く離婚したいと妻が希望を出してきた。僕は今度の調停委員にも妻がマルチ商法にハマっている状況を説明したが、今度の調停委員はまったく理解してくれなかった。「X社って私も買ったことありますよ」「モノは悪くないですよね」「そんなにお金をつぎ込んだり、人柄が変わるほどX社にハマるなんてことあるんですか？」。僕がこれまでの経緯を説明すると、一瞬顔色が変わり信じられないという表情をしたが、「奥さんは、X社はただの通販でマルチ商法ではないし勧誘なんかしてないと言ってますけどね」と、まるで僕が嘘を言っているのではないかと疑いの目を向けてくるだけだった。

今回は調停委員２人のほかに家事調停官の男性が調停に立ち会っていた。はじめから威圧的に僕のことを見ていた家事調停官から「○○さん（妻）がズュータンさんがＤＶをしていたことが許せないと言っています」と言われた。「ものすごい目をして言ってましたよ。ＤＶをしたことが許せないと」と。僕は妻と娘がいなくなった日、「Ｘ社はただの通販だよ」と言われて頭突きをしたことを言われているのだと思った。それ以前に暴力をふるった覚えはなかった。「もし僕に自覚のないところで暴力があったのなら謝りたいので何がＤＶだったのか教えてほしい」と家事調停官にお願いした。そのあと、妻と交代で調停室に入った時に僕のＤＶが何かを聞かされた。「子どものまえでＸ社への暴言を吐いたことだと言っています」。そう言いながら調停委員も家事調停官も戸惑っていた。たしかに空気清浄機の音がうるさいから文句を言いながら空気清浄機を叩いたことや、「なんでいつも家のなかがＸ社だらけなんだよ！」と声を荒らげたことはある。それをＤＶだと言われると僕は黙り込むしかなかった。調停委員や家事調停官が僕を冷たい目で見ていたのも僕がＤＶをしていたと思っていたからなのだと合点がいった。

「娘さんと会いませんか？」と家事調停官が切り出した。この時点で娘とは１年３か月会っていなかった。憔悴した姿を娘に見せるのは気が引けたし、娘が僕のことをどう思っているのかと考えると会うのが怖かった。娘を混乱させるだけかもしれないという気持ちもあった。娘に会うのは迷ったが、一緒に水族館へ行くということで話がまとまった。

3分で終わった娘との再会

待ち合わせは品川駅のそばにある水族館の入口だった。娘は妻の友達が連れてきてくれることになっていた。娘は僕のことがわかるだろうか。夏だったが、僕は痩せたことがわかりにくいようにTシャツを重ね着した。会った瞬間に僕を非難するようなことを言うのではないだろうか。そんな不安に苛まれながら水族館に向かった。

予定より1時間早く着き、カフェでビールを飲み煙草を吸って心を落ち着かせてから入口に行くと、妻の友達と手をつないだ娘がいた。僕は妻の友達に挨拶をした。娘は僕の顔を見ることもせず、直立不動で正面を見すえていた。「大きくなったね」と言って娘の手を取り握りしめた。娘は何もこたえなかった。娘は僕と手をつないだまま、正面を向いて僕と目を合わせず、声を出さずに涙を流しはじめた。

一緒に暮らしていた頃の娘は感情が豊かだった。よく笑っていたしよく泣いていた。泣くときはわんわん声を出して泣いていた。そのたびに僕は娘を抱きしめて泣き止ませていたことを思い出した。声も出さずに泣いている娘を見るのははじめてだった。妻の友達は「パパだよ」「○○ちゃん、パパ大好きなんだよね！」と声をかけてくれた。娘は正面を見たまま涙を流し続けていた。それを見て、妻の友達が泣きはじめた。僕は「すみません。無理です。僕、帰ります」と小さく声を出した。

娘の姿を見て、僕の家庭はもう完全に壊れたんだなと実感した。こうして娘との1年3か月ぶりの再会は3分で終わった。

僕の知っている妻は死んだ

次の調停では、もう僕の気力は残っていなかった。妻が保険の営業をしていることを聞いた。調停委員や家事調停官の言うことはまったく頭に入ってこなかった。調停委員は離婚を成立させたがっていたが、「少し考える時間をください」と言うだけで精一杯だった。早く離婚を成立させたい調停委員と家事調停官は苛立っていた。

妻には数か月に一度メールを送っていたが返事はなかった。もう調停期間中に妻の目を覚まさせるのは難しいと思った。一生目が覚めることはないかもなと覚悟をしはじめた。

これ以上の詳細は記さないが、その後も、心が折れるような出来事が何度も続いた。妻のためになると思った行動は全部逆効果だった。何をしても返ってくる結果は心の傷口に塩を塗りこまれるだけだった。これ以上、妻のことを嫌いになりたくなかった。もう僕の知っている妻は死んだんだなと思った。ずっとずっと前から妻はタガが外れていた。マルチ商法をはじめてから、徹子さんの自己啓発セミナーに通ってから、別の人間になってしまった。僕が昔の妻にこだわり続けていただけだったのだ。もう妻が昔の妻に戻ることはないのだ。僕は気が抜けた。

離婚成立

次の調停で離婚の手続きを済ませた。妻と娘が家を出てから2年近くが経っていた。離婚が成立したことに調停委員と家事調停官は安堵していた。妻は元妻になった。僕は疲れ果てていた。昼間は競艇場に出かけ、夜に集中して仕事を片付けていたが、それも持たなくなってきた。人に会うたびに「また痩せた?」「だいじょうぶ? 死にそうな顔してるけど」と気をつかわれる。誰かと顔を合わせることも話をすることもきつくなった。僕は仕事をやめた。元妻からは父として娘と仲良くしてくださいとメールが来た。離婚後から2か月に一回、第三者機関を通して娘と会ったが、しだいに精神的にしんどくなり、数回会ったきりになってしまった。

僕は家に帰った。帰りたくなかったが他にいる場所がなかった。1年間失業保険と貯金を崩しながら、ほとんど誰とも会わずに家に引きこもった。貯金が底をついた後は、できるだけ誰とも顔を合わせない仕事を探してテレアポの仕事を10時から20時まで週6で2年間続けた。元妻のことも娘のこともマルチ商法のことも考えないように努めた。仕事をしているときは考えずに済んだが、それ以外の時間になると、なぜこうなった？　という問いが頭から離れなかった。何もかも忘れられれば楽だった。けれど、やっぱり忘れるよりも何が起きていたのかを知りたいという思いが勝るのだった。

僕は時間があれば、ネットでマルチ商法の情報を集めたり、ツイッターで情報発信をしていた。外出する気力がある日にはマルチ商法の勧誘現場へ足を運んで、メモを取っていた。マルチ商法についての記録は極端に少ない。どこにもないなら僕は自分で調査して記録を残しておきたいと思った。いつか誰かの役に立つために。僕と同じ思いをする人がいないように。元妻と同じ目に遭う人がいないように。

やがて僕のもとには、ツイッターを通してさまざまな被害者の声が集まるようになった。電話や対面で経験の聞き取りをすることもあった。僕は被害者の了解を得たものを記事として、彼らの声を公開しはじめた。

第3章

SNSで被害を発信しはじめたら起こったこと——5人の被害者たち

苦しんでいる人ほど沈黙してしまう

僕がツイッターでつぶやきはじめたのは、妻と娘が家からいなくなって数か月した頃だったと思う。無意識のうちにはじめていたことだった。誰にも聞いてもらえなくてもいい。誰にも理解されなくてもいい。混乱、怒り、焦り、恐怖、ないまぜになった感情を吐き出したかった。

僕のつぶやきはマルチ商法を愛する人たちの感情を逆撫でしたのか、非難のリプが投げかけられた。はじめは「X社はただのカタログ通販。被害なんてあるわけない！」「おまえはX社のことを正しく理解できてないだけ」「X社の製品はホンモノだから！　俺はX社のサプリを飲んでからペニスが大きくなったから」「アメリカではネットワークビジネスとして認められてる。日本に合わないだけ」「カミさんに見放されたのをX社のせいにしている中年男のつぶやき」そうした言葉を投げかけられた。世間一般のマルチ商法への印象ってそういうものなんだなと思わされた。

一方で僕がX社の悩みをつぶやいたからか、必然的に同じX社のことに悩む人たちの声が多くなった。「主人がマルチ商法にハマって会社をたたんで、コンビニでバイトしてるんですけど、そのお金も全部マルチ商法につぎ込んでて。息子を高校に行かせ続けられるか不安で……」「娘がX社の製品を買うことに強く反対していたら、X社の人たちが娘の荷物を運び出して、今、娘はX社の仲間とシェアハウスしていて連絡が取れないんです」「昔から母親がX社にどっぷりで借金を重ねていて、たくさん持っていた不動産も手放して自己破産して……」「家族がハマっていて別人のようになっているんだけど、どうすればいいのか……」という声も集まりはじめていた。

身近な人が悪質なマルチ商法にハマって苦しんでいるのは僕だけではなかった。大切な人が行ってはいけない悪いほうに進んでいくのを、ただ見ていることしかできない人がたくさんいた。マルチ商法やその被害に関する情報を知らない限り、被害者の苦しみはわからない。だから苦しんでいる人ほど相談できずに沈黙してしまう。ひとりで抱え込み、世の中から見放された気になる。深い孤独感に陥る。無念や絶望にうちのめされてしまう。

「ズュータンさんの気持ちわかります」と言ってくれる人がいる。僕に相談してくる人がいる。そのことは、僕がツイートすることにも意味があるのかもしれないと勇気づけてくれた。僕はできるだけ自分の感情を抑え、悪質な勧誘のパターン、どのような段階を経てハマってしまうのか、妻への対応で僕が失敗したことなど、被害者に参考になるような情報をツイートするようになった。

マルチ商法の被害についての情報は少ない。どのようにして起きるのかという被害の経緯、被害者と周囲の人たちはどのような困難を抱えるのかという被害の中身、そうしたことを知るだけで、だいぶ防ぐことができるはずだ。それなのに知らないから被害に巻き込まれてしまう。悔しい被害だ。僕は被害者たちの語りを聞き取り、記録として残しておくことを調停中に考えはじめた。

被害者たちのつぶやき、僕に寄せられてくる声。そこには表には出てくることのない蓋をされたままのマルチ商法の被害がたしかにあった。その現実を抱えながら、ひとりで毎日をやり過ごしている被害者たちがいる。被害の記録を残すことは誰かがやらなければいけないことだと思った。つかみどころがないマルチ商法の全体像を知るには、被害者たちの語りを聞くことしかなかった。

被害者の語りは主にツイッターのDM（ダイレクトメッセージ）で聞かせてもらった。ときには被害者の指定場所へ出向き、ICレコーダーで録音しながら話を聞いたこともあった。記事は被害者に確認してもらい、さらなる意見をもらったり、僕が書いたことにズレがないか修正を重ね、許可を得てから公開した。プライバシー保護の観点から、人物名や固有名詞は変更している。

協力してくれた被害者は2016年3月から2020年4月までで約70人になる。さまざまなマルチ商法の被害の声が集まったが、僕の元妻がX社にハマったということもあり、自然とX社の事例が多くなった、比率としてはX社が7割ぐらいになる。

「話だけ聞いてもらいたい。記事にはしないでほしい」という人のほうが多かったし、コンタクトしてきてから話をはじめるまで時間のかかる人も多かった。そうして書き上げてnoteに公開した記事のなかから、この章では再構成したものを5つ紹介したい（見出しの下に記事公開日を記した）。また「被害者」ということに異論があるかもしれないが、当事者の心情や主観的な経験を伝えることを優先し、あえて「被害者」としている。

2016年3月。僕が「マルチ商法の被害を記録に残したい。みなさんの被害の声を記事にさせてほしい」とつぶやくと、すぐに名乗りでてくれたのは燕さんという女性だった。

1　燕さんと夫

2016年3月

夫がX社にハマってしまって……

「ズュータンさんの活動に協力したいです。少しでもお力になれれば」

そんなDMを送ってくれた燕さんは、20代後半の主婦。彼女の家庭にマルチ商法の製品が目立ちはじめたのは、はじめての妊娠中のこと。手を出していたのは彼女の夫だった。

「夫がX社にハマってしまって……。すみません、言いたいことが多すぎてうまく話せるかわからないのですが……」

僕と燕さんで男女の違いこそあるものの、お互いに小さな子どもがいること、配偶者がX社にハマってしまったこと、はじめは見過ごしていたことなど、共通点が多かった。

「ズュータンさんのツイッターは、毎回心が痛くなるほどよくわかります」

そして、「マルチ商法の怖さがひとりでも多くの人に伝わってほしい」という想いも文面から読み取れた。彼女はゆっくりと、自分の愛した人がマルチ商法にハマり、「マインドコントロール」された経緯を語りだしてくれた。なお、自分、あるいは身近な人がマルチ商法の被害に遭った、と語る人の多くは、洗脳やマインドコントロールという言葉をよく使う傾向がある。ハマってからマルチ商法の人たちとの人間関係が濃くなり、今までのその人とは別人のようになってしまったことを、まずはそうした言葉で理解するのだ。

すべては義弟の贈り物からはじまった

「この1年半はあっという間でした。苦しかったぶん、すごく長いようにも感じますね。前ほどではないですが、今でも製品は買ってます。何度も離婚を考えましたが、今は私と娘とX社の信者となった夫の3人で暮らしています」

燕さんの夫がマルチ商法にハマったのは、1年半前のことだった。ご主人がX社を知ったきっかけはなんだったのだろう。

「結婚して2年。はじめての妊娠で私は不安定で、夫もストレスを感じてたろうと思います。ある日、義弟から油と調味料のセットが届きました。それがすべてのはじまりでした」

燕さんの身体を思いやった義弟が贈り物をしてくれた。微笑ましい光景に見えそうだが、中身はすべてX社の製品だったという。しかし、当時の燕さんはそのことに疑念を抱かなかった。

「義弟が私の体を気づかってくれてるんだってウルッとしてしまいました。あまり連絡を取ってない義弟だったので。突然プレゼントをもらって家族として仲良くしていこうと言われているような気がしたんです。ただ……」

そう、このとき燕さんは、義弟から驚きの言葉をかけられていた。

「『この油は飲んでも体に良いんだよ！』そう言われて、『え？』と思いました」

「すごい人」と会って豹変した夫

それでもなお、義弟からマルチ商法の勧誘をされているとは思いもしなかった燕さん。しかし、違和感は徐々に大きくなっていった。たとえば、マルチ商法の勧誘における常(じょう)

套句（とうく）もかけられるようになった。

「妊娠後期になると、義弟から『会わせたい人がいる。すごい人だから話を聞いてみてよ』って何度も誘われるようになって。それほど親しくしていなかったので、怪しむより気にかけてくれてるっていう気持ちのほうが強かったですね。だけど、義弟からの誘いが本当にしつこかったんです。わずらわしいと感じるぐらい。私と夫のどちらかでも『すごい人』に会いに行かないと、義弟が引き下がりそうにありませんでした。私は行きたくなかったので、『ひとりで行ってきなよ！』と夫に行かせたんです」

今、冷静に話を振り返ると、ここが運命の分岐点だったのかもしれない。それにしても、である。油や調味料のセットにX社と書いてあるのを見たときに、燕さんは何も感じなかったのだろうか？

「その頃はX社のこともマルチ商法のことも知識がなかったんです。X社のことは、なんとなく名前を聞いたことがあるぐらいでしたから……」

僕の子ども時代にはたまたまX社の製品を使っている人が身近にいた。だが、普通に生活していたらマルチ商法と関わる機会はなかなかないのだろう。いずれにせよ、この日を境に燕さんの夫は変わってしまった。あまりの変化に、燕さんは「面食らった」という。

「もともと夫はポジティヴなんです。でも、『すごい人』と会って帰ってきたときの夫は、ポジティヴという枠を超えて、何かに取り憑かれてるの？　というようなテンションでした。『このままの仕事、このままの生活で良いと思ってる？』『夢はある？』『労働してお金を稼ぐんじゃなく、権利収入で暮らそう！　自由人になろう！』と言いはじめて。私は『？？？』となって、『でも、ちょっとおかしいんじゃない？』と言うと、夫は『〝でも〟のような否定的な言葉は使わないようにしよう！　否定的なことを言うと、そのまま実現してしまうよ！』と言うので。私は何も言えなくなってしまいました」

断るのが面倒になる

「良く言えば少年のように純粋な目」をした夫の話に、「楽しそうでいいね」くらいしか返せなかったという燕さん。その日から、夫に「一緒にすごい人の話を聞きに行こうよ！」と誘われる毎日が続いた。はじめての妊娠と出産を控えて不安な時期に、である。普通なら断りたいに決まっているが、それでも彼女は夫と一緒に話を聞きに行ったという。

「行くって言わないと義弟と夫の誘いが止まらないので、嫌々ながら義弟のアップ（上位会員）と呼ばれる上位会員の家に行きました。そこで『自由人とは？』というテーマで話を聞かされました。はじめに、あらかじめ読むように言われていた『ユダヤ人大富豪の教え』に書いてあることと同じことを聞かされ、次に『パブロとブルーノの物語』のＤＶＤを見せられ、そのあとに権利収入を手に入れるには？　という話を聞かされました」

この『ユダヤ人大富豪の教え』や『パブロとブルーノ』は、僕が調査している限りでは『金持ち父さん貧乏父さん』と並んで、マルチ商法をしている人たちから、よく勧められるものだ。そしてもちろん、その日の話はそれだけでは終わらなかった。

「最後に『Ｘ社って知ってる？』と、Ｘ社の説明を延々と聞かされ、帰り際にはＤＶＤを渡されました。でも、そのときの私は、まだＸ社への警戒心が薄かったんです。『へーそうなんだ』『聞いた話が本当なら副収入が入っていいな』と思ってしまいました」

後日、燕さん夫婦は義弟から「水・空気・栄養」の健康セミナーにも誘われ、参加をしている。そのときの心境を、彼女はこう語ってくれた。

「義弟がゴリ押ししてきて、断るのも面倒になってしまって、『もう登録しちゃえ！』という感じで夫婦でＸ社に登録しました。セミナーで渡されたＤＶＤにも『ビジネスをするなら、まず日用品をＸ社に変えよう！』という説明があるんです。そのとおりに我が家の洗剤や調味料などの生活用品はX社に置き換えられていきました」

産後の病室にカタログを持参する夫

この時点になってもなお、燕さんはまだ自分たちの身に起きていることが「マルチ商法」とは気づかなかったそうだ。しかし、それは「変だな」と思えるような余裕が彼女になかったからでもある。

「出産で頭がいっぱいいっぱいで、X社のことを考える余裕がなかったんです。『X社の浄水器や空気清浄機がほしい』と夫の希望がエスカレートしていくんですけど、X社の浄水器や空気清浄機は10万円以上もしますよね。『そんなに高いもの買えないよ』とスルーしていました」

しかし、これは「おかしい」と、気づかされるときがやってくる。

「夫は出産に立ち会ってくれたし、何度も病室にきてくれたんですけど、毎回X社のカタログを持ってくるんですね。これが買いたいって説明をしてくるんです。子どものことと か、これからの生活のこととか話したいじゃないですか。なんでそれよりもX社の話をするんだろうって……」

ご主人の頭のなかは、この頃にはもう、完全にX社中心になってしまっていたのだ。

「産後で疲れてるのにX社のことばかり話す夫に嫌気がさしていました。もう『ほしいなら勝手に買ったら』と言ったんです。そしたらすぐに夫は浄水器と空気清浄機を購入しました。それからはじめての育児に追われて絶望感のさなかにいるなかで、ある日、ふとX社をネットで検索したんです。その検索結果に『え!?』と息をのみました。はじめてX社がマルチ商法であること、マルチ商法は法的には連鎖販売取引という商形態で、たとえば会う前に勧誘目的であることを伝えなければいけないなどと、特商法で厳しい制限がたくさんあることを知りました。特商法に違反せずに活動をすることは極めて難しいことだったり、世間の目が冷ややかなことや、借金をしたり人間関係が壊れるリスクがあることを知って、膝ががくがくと震えました」

家族よりも、X社

なんでもっと早くに検索をしなかったのか、気付けなかったのか。この気持ちは、僕にも痛いほどわかった。こういう状況を見て、「情弱がひっかかるんだ」と言いたくなる人もいるかもしれない。しかし、渦中にいるときは、「なんだか検索してはいけない」という見えない圧力のようなものが働いていたようにも思えるのだ。これは、巻き込まれてみないとわからない感覚なのかもしれない。

「慌てて夫にX社を検索して悪評がたくさんあることを伝えると、『ネットの情報だろ？信じるなよ』『家族のためにX社のビジネスをしたいんだよ』と。私が周りからの反応を気にして『やりたくない』『やるなら、せめて誰にもバレないようにやりたい』と言うと、『そんなに気にしなくても平気だろう』と夫はイラつきはじめました。『特商法に違反せずにX社のビジネスをするのは難しいんだよ。それに世間の目は冷ややかだよ』『X社のビジネスで稼ぐなんて不可能なことだよ』と伝えても、『違反しなければいいんだろ？　周りの反応は、やってみなければわからない！』と堂々巡りになるだけでした」

ハマってしまったら、あとは一直線。家計は大丈夫だったのだろうか。高額製品を買い込むために貯金が知らないうちに切り崩されてしまうこともよくあると聞く。

「お金を使い込まれるのを防ぐために、それまで財布は別々にしていたんですけど、財布を一緒にして夫にお小遣いを渡すようにしました。高額なX社製品を次々とほしがるので、『ほしいならお小遣いで買って』と言うために。だから、夫はお小遣いでサプリメント等

や お風呂の浄水器を買ったりしてましたね」

もちろんこの間、燕さんたちは話し合いもした。しかし、そのたびに、お互いのイライラは積もり、関係性もギスギスしたという。

「ある日、とうとう私が『X社製品って返品できるんだよね？　買って間もないんだから、全部返してほしい！！！』と言うと、『意味がわからない、ありえない‼』と反発され、口論の後、少し落ち着いてから、『こんなにずっと口論するならさ、もう離婚かな……』と夫が言ったんです。その後に『今すぐ離婚しようとは思ってないけどね』と言われたんですが、夫の心のなかで私より家族よりX社が上回った瞬間があったことにショックを受けました」

「マインドコントロール」された夫と向き合う日々

いつのまにか、夫のなかでは家族よりもX社の存在のほうが大きくなっていた。しかも、一緒に暮らしていたのに、気づかない間にそうなってしまっていた。その怖さを、僕も嫌というほど知っている。

「それからは、夫にはX社が嫌だと言いづらくなりました。『X社を否定したら、離婚なの?』と頭から離れなくなりました。夫は家族よりもX社を選ぶのか、子どもも生まれたばかりなのに……。悔しさ、悲しみ、あまりにも理不尽すぎる状況、私は混乱して頭痛がしたり身体の調子が悪くなりました」

これは「あるある」なのだが、体調が悪いと言うと、まさに今、自分を苦しめているX社のサプリやプロテインを飲むように勧められる。しかも、大切な人から。だからどれだけ体調が悪くても、黙るしかなくなるのである。

僕がそんなことを言うと、燕さんも同意した。

「それ、言われますよね。体調が悪いと言うとX社製品でなんとかしようとしてきます」

そんななかで、燕さんは変わってしまった夫とどういう接し方をしていたのだろうか。

「『X社なんかで離婚したくない!』。そう思った私は、まずはどうして夫が以前とは別人のようになったのか調べました。そこでX社で離婚した人のブログや、被害者の情報を知るうちに、夫もX社のアップや仲間にマインドコントロールされているのだとわかりました。マインドコントロールについて調べていると、マインドコントロールを解くのは時間がかかること、マインドコントロールされている夫にX社を否定したり批判するようなことを言うと、逆にマインドコントロールが強まってしまうことがわかりました。私は夫の言うことは否定せず、『そばにいてくれてありがとう。子どももあなたのことを大好きだよ』と言うようにしました。夫にとって家庭を、居心地の悪い場所にしないためです。夫が家庭に居心地を悪く感じてX社に心が向かうのを避けるように努めました。それと私は夫に苦しめられているんじゃなく、X社に苦しめられている。それを念頭に置いて、夫を否定しないように努めました」

変だと思っても、多くの人はなかなか、洗脳やマインドコントロールということに考えが及ばない。しかも、彼女はつらいなかで、夫のための居場所を守ろうとしていたのだ。僕が「その状況で冷静な対応ができるのはすごいですね」と率直な感想を伝えると、彼女は「そう言われると嬉しいです。当時は、自分がしていることが正しいのか判断できなかったので」と言った。

相談ホットライン

そんな日々が続くなか、燕さんには大きな不安があったという。そして彼女は、決定的な行動を起こすことにした。

「やっぱり、『私や夫は違法な勧誘をされていたのではないか？　夫も違法な勧誘や特商法に違反した行為をしているのではないか？』という不安がずっとありました。それで、X社本社の相談ホットラインに電話しました。すると『間違いなく違法な行為です。X社でも禁止している行為で、そういう違法な行為をするディストリビューターがいることにX社も困っている』と言われました。そのことと、夫が違法行為をしないか心配していることを夫に伝えると、ものすごくイラついた態度を取られましたが、『相談ホットラインに電話までかけたんだ。がんばったね』と言われました」

「がんばったね」――そこでその言葉をかけてくれたご主人に、僕はわずかながら希望を感じた。しかし、事態はすぐには好転しない。

「それから数か月経っても夫のX社への熱は冷めませんでした。私が心配だったのは相談ホットラインでも指摘されたように、夫のアップが特商法に違反する行為をしていたので、いつか夫も特商法に違反した勧誘をしてしまうのではないか、あるいはすでに違反行為をしているのではないか、ということでした。そのことを相談ホットラインに再度電話したところ、『旦那さんのアップに注意喚起の声をかけましょうか？』と提案されお願いすることにしました」

状況が明確に変わったのはここからだ。夫がX社からはぶられたのである。

「後日、X社の仲間とつながっていたFacebookのグループ（筆者注：X社の商品紹介や格言などが更新される）から夫が外されていました。夫が仲間に理由を聞いたら『X社を斜めから見ている人には見てほしくない』とのこと。タイミング的に明らかに私がホットラインに相談したからでした。それ以来、夫にX社からの情報が定期的に入ってこなくなり、仲間や義弟からの連絡もなくなりました。これを機に少しずつ夫のX社への熱は冷めていきました」

それでも、目は覚めず……

X社の相談ホットラインに相談しても取り合ってもらえない人も多いなか、燕さんのように「注意喚起」の声をかけてもらえるというのは、僕からしても驚きだった。彼女自身、「私もそう聞いていたので意外でした」と振り返る。だがそれは、彼女がしっかりご主人やアップの活動状況を整理して伝えたからなのだろう。

ではその後、燕さんから見て夫の「マインドコントロール」は無事解けたのだろうか？

「それから1年経ちますが……あいかわらず夫は毎月4〜5万円ほどX社製品に費やして、毎朝会社に行くときにはX社の浄水器の水を1リットル持っていくという生活を続けています」

やっぱり急に目が覚めて、元に戻るわけではない……。燕さんからのメッセージをスマホの画面で見ながら、思わず独りごちた。わかっていたことではあるが、改めて自分の妻のことを思い出し、僕の胸は痛んだ。そのことを伝えると、燕さんからこんな言葉が返ってきた。

「残念ながらマインドコントロールは解けていません。毎月4〜5万も使っていることは気にいらないですが、夫のお小遣いの範囲のなかでしているので何も言えません。『落ち着いたらビジネスの話をアップに聞きにいくのもいいかもねー』と言うこともありますが、以前ほどX社への意欲はなさそうです。ギラギラしていたときは趣味のゲームもせずに、時間さえあればX社びいきの健康情報サイトを見たり、X社仲間のFacebookのグループを見てばかりいました。だけど今はゲームをする時間が増えてきたんです。このごろは

『X社の健康情報がおかしいのでは？』『X社の健康情報は科学的根拠がないのでは？』という私の指摘にも、納得はしないようですが耳を傾けてくれるようになりました」

相手が正しいと信じ込んでいることの間違いを指摘するのは難しい。僕自身、とても苦労したことだ。燕さんはどんなふうに指摘しているのだろうか。

「たとえば、ブロッコリーやリンゴが水を弾くのはX社では農薬が原因と教えられますが、正しくは自然現象なんだよと丁寧に夫に伝えると、自分で調べなおして『そうなんだ……』『教えてくれてありがとう』などと言ってくれるようになりました。楽観はできないけれど、こうしてX社で刷り込まれた知識が間違いであることに気づいてくれるようになったことは前向きに考えていきたいと思っています」

たぶん、前のようには愛せない

X社から得た知識より、燕さんの言葉に耳を傾けるようになったのは、ハマる前の元の旦那さんに近づいていることのように思われた。僕がそのように言うと、燕さんは悲しそうな表情をして、口を開いた。

「それでも、まだ夫は完全にマインドコントロールが解けたわけではないんです」

そうなのだ。変わってしまったものは、簡単には元には戻らない。元に戻るかもわからない。被害者はその絶望感と、毎日向き合わなければならないのだ。

「今でも、家にはX社製品が溢れています。X社を連想させるものを見たり聞いたりしたときは塞(ふさ)ぎ込んでしまうこともあります」

空気清浄機にしろ、鍋にしろ、日用品にしろ、X社の製品はとにかくデカい。「圧迫感を覚えますよね」と僕が言うと、燕さんも苦笑しながら同意してくれた。

「圧迫感っていうの、よくわかります。すごく苦しくなります。そんなとき夫は『どうしたの？』と聞いてくれますが、X社のせいだとは言えず『なんでもない』と笑ってはぐらかしています。X社は私の心に大きな傷を残しました。でも夫を責めても理解を求めても、マインドコントロールされているからどうしようもありません。本当は『X社をやめてほしい。X社の製品なんて全部捨ててほしい』と叫びたいけど、それで逆に夫がX社にのめり込んでしまうことが怖いので、意識して私からX社のことには触れないようにしています」

触れないようにしよう、と思ったとしてもなかなかできることではない。僕自身、「マルチ商法だろ！」と妻に当たって、頭突きまでしてしまったことがある。燕さんの忍耐力には純粋に感心させられてしまう。

「しんどいですが、今は夫のマインドコントロールが解けるのを待とうと思うようにしました。ものすごくゆっくり、その歩みは小さなものかもしれないけれど、X社をはじめる前の夫を取り戻しつつもあるので、希望を持って前に進んでいこうって。ただX社製品を返品してほしいと言ったときに離婚って言われたことは一生忘れないですね。正直に言うと、X社にハマってからの夫には冷めています。大好きだったんですけどね。夫に冷めた感情を持ってしまうようになったことがとても悲しいです」

子どもはかつての夫を知らない

最後に3つだけ燕さんに質問をさせてもらった。ひとつ目は義弟のこと。彼とは、いまだに連絡を取っているのだろうか。

「義弟は、いまだにバリバリのX社信者です。もともと義弟と夫は、仲が良いわけではありませんでした。もともと夫は義弟に関心がなかったんだと思います。夫は義弟が勤めている会社の名前も知らなかったし、義弟がひとり暮らしをはじめたことも知らなかった。だけど、夫がX社にギラギラしているあいだは、兄弟で食事に行ったり両親のプレゼントを買いに行っていました。それが今はパッタリとなくなりました。あの一時期、兄弟が仲が良かったのはX社で結ばれていたからなんだなって、なんだか恐ろしいですね」

もうひとつは、かつてのご主人のこと。いったいどんな人だったのか。何か特別な悩みを抱えていたのだろうか。

「夫は、ごく普通の人だと思います。なぜX社にハマったのかよくわかりません。何か心に隙があったのでは？　と言われても思い当たりません。ひとつ言えるのはX社のなかにはマインドコントロールの技術に長けた人がいるということです。『すごい人』と呼ばれていた夫のアップは、とても話がうまくて聞き上手で褒め上手でした。きっと他人をマインドコントロールする技術にも精通しているんだなと思います。ただビジネスの話になると詰めの甘さを感じたので私は騙されませんでしたが、ビジネスの話の詰めが甘くなかったら、私もどうなっていたかわかりません」

彼女もそうなのだ。なぜあの人が、なぜ自分がこんな目に……。その理由がわからないままに、巻き込まれ、壊されてしまった。先に配偶者がハマり、夫婦そろってのめり込むようなケースを見聞きすることも多いが、そのたびにもしかしたら自分もああなっていたのかもしれないと背筋が寒くなる。

「でも、うちの場合は、これぐらいで済んで運が良いほうだと思います。そもそも私も夫もマルチ商法の怖さやX社のリスクを、もっとよく知っていたならこんな事態にはならなかった。新たな被害者を生み出さないためにも、多くの人にマルチ商法の恐ろしさを知っておいてほしいです」

最後に聞いたのは、お子さんのことだった。妊娠時からずっとX社にハマっていた夫。ということは、お子さんは、X社をはじめてからのご主人しか知らないということになる。僕の娘も、X社をはじめてからの元妻しか知らない。だからこそ、こう思うのだ。「X社をはじめる前の本当の元妻を娘に見せてあげたい」。燕さんも、同じようなことを感じたことはないのだろうか。

「それ、すごくそう思います。私はズュータンさんのように離婚はしていないので重みは全然違うかもしれませんが、X社とは関わりのなかった夫の姿を娘に見せたいです。私の知っている夫は、X社をはじめる前の夫です。X社の情報に踊らされてX社の浄水器の水以外飲んじゃいけないと言ったり、自由人になろう！ なんて言う人ではありませんでした。バカでゲーマーで人見知りで、ごくごく普通の、だけどとてもおおらかで優しい人でした。私はそんな夫のことが大好きでした。もともと水道水を飲んでもなんとも言わなかったのに、今では1リットルと500mlのふたつの水筒にX社の浄水器の水を入れて会社に持っていきます。私は子どもには何も気にせず水道水を飲んでほしかった。X社製品に囲まれて育ってほしくなかった。本当は子どもには夫のおおらかな所を見て育ってほしかったです」

燕さんのその後

もう、この出来事について忘れたいのだろう。noteに記事を公開したことを伝えても燕さんから連絡はなかった。記事の公開から3年9か月が過ぎていた2019年12月のある日の夜、燕さんからDMが届いた。

「とてもお久し振りになってしまい、大変申し訳ありません！ 燕はサブアカウントだったので、ズュータンさんに最後のメッセージを送ってから使わなくなってしまったんです」

僕がマルチ商法被害者の声のインタビューを続けてこられたのは、はじめのひとりが燕さんだったことが大きいと思っている。そのことのお礼を伝えた。

「実は最近、本アカウントでズュータンさんがインタビューを受けている記事を読みました。ずっと辛くて燕アカウントを開けなかったんです。ズュータンさんの名前を見て本当に驚きました！　ずっとがんばってたんですね！　それを見て連絡したくなったんです」

燕さんは記事を公開してからのことを話してくれた。

記事ではご主人を否定しないように気をつけていると言っていたが、記事の公開直後に耐え切れず、人もまばらな代々木公園で、ご主人に涙ながらにX社をやめてほしいと訴えたという。ご主人は苛立ち納得しなかったが、しぶしぶ燕さんの要望を受け入れ、X社製品は家からなくなった。しかしX社への嫌悪感が消えなかった燕さんは通院し、現在もPTSD（心的外傷後ストレス障害）の治療を受けている。最近は落ち着いてきたが、先月自宅でX社サプリのCMが流れたときに激しく発作を起こし、居合わせた友達に抱きかかえられた。いまだに、ご主人はX社をしていたことで燕さんに負担をかけたとはつゆほども思っていないという。

燕さんの、ご主人はマルチ商法をはじめる前のご主人に戻り、燕さんは家族幸せに暮らしている。僕は心のどこかでそう思っていた。いや、そうであってほしいと願っていた。だが、燕さんのその後は、僕が願っていたようなものではなかった。マルチ商法が燕さんに与えた傷は時間が解決するようなものではなかった。

「あの頃、周りに言えるような内容じゃなかったので、ズュータンさんに話を聞いて頂けてすごくうれしかったんです。しかもそれを他の方々に伝えてくれて。私は夫と子どもにかかりきりで何もできないけど、夫をマルチ商法から抜けさせるには、パートナーはこれだけボロボロになることもあるよ、それだけたいへんだよというのを届けられればいいなと思っています」

２　群青色さんと親友

２０１６年３月

突然、短大をやめた友人

「私ではなく友達のことになりますが協力します。もう1年以上前のことなんですけどいいですか？」

燕さんの記事を公開すると、すぐに群青色さんという女性からＤＭが届いた。僕のもとに寄せられる声は、群青色さんのように、マルチ商法にハマった身近な人を救うために悩み苦しんだ毎日から、だいぶ月日が経ってからのものが多い。なかには5年10年前のことを話してくれる人もめずらしくない。きっと群青色さんも自分のなかでケリがつかないことがあるのだろう。僕は1年前のことでも構わないことを伝えた。すると群青色さんは「それを聞いて安心しました。できるだけ思い出しますね」とマルチ商法にハマった友達のことを語りはじめた。聞き取りはツイッターのＤＭで1週間に及んだ。

「知らないうちに純子（仮名）は短大をやめていたんです。もうおととしの春のことです」

高校時代に同じ部活で仲良くなった群青色さんと純子さん。群青色さんは四大に、純子さんは短大に進学した。ふたりとも栄養士を目指していた。群青色さんが大学3年になるときには、すでに純子さんは短大を卒業しているはずだった。だが純子さんはバイトのしすぎで留年していた。

「純子が落ち込んでいるかなと思って『しっかりしなよ！』と励ましたんです。そしたら『短大をやめる』って」

何か家庭の事情でもあったのかと考えるのが普通だろう。僕がそう言うと群青色さんは、そのときは突然で動揺した、と言った。

「それから1か月後に会ったとき、純子は短大をやめていました。『どうして？』と聞いたら、『今は詳しく言えないけど、やりたいことがある！』って言われました。高校時代からフラフラしていた純子が強い意志を持って『やりたいことがある』って言ったから、私は良い方向に受け止めたんです。『やりたいことってなんだろう？』って思ったけど、突っ込んで聞いてほしくなさそうだったから見守ることにしました。次に会ったときに、純子は介護資格の勉強をしていたので、やりたいことって介護だったのか〜と思って、『がんばってるじゃん！』って声をかけたら、『介護がやりたくて資格を取るんじゃない！やりたいことをするためにお金をためるだけなんだ！』って言われて、『え？　介護がやりたいんじゃないの？　純子のやりたいことって何？』って聞いたら『Z社（某マルチ商法）をがんばりたい！』って言われたんです」

鍋ぐらいなら買ってもいいと思った

そのマルチ商法といえば調理器具が有名……と頭に浮かんだまま、どう反応したらいいのか狼狽（ろうばい）している群青色さんに、純子さんは説明の言葉をまくしたてた。「あなたはまだ学生だからできないけど、ネットワークビジネスって言って、マルチ商法とは違うんだからね！」「何十年前からあるんだよ！」「一等地に自社ビルもあるんだよ！」「被災地の支援もしてるんだよ！」と。

「マルチ商法には、人を騙して高額な商品を売りつけて広めるものというイメージがあったから、純子がそんなことしてるとは思わなかったんです。『なんか引っかかるけど、マルチ商法じゃないっていうならマシかな？』『もし怪しかったらすぐにやめるだろう』という浅はかな考えでいました。純子の勢いに押されて鍋ぐらいなら買ってもいいかな？と思ったぐらい」

しかし、純子さんの部屋に遊びに行くたびにZ社の製品が増えていくことに異様な感じを覚えたという。最初は日用品だけだったが、空気清浄機や浄水器、それに料理をしないはずなのに調理器具が置かれていった。

「純子のペースに飲み込まれて、いつのまにか小顔になるという化粧品のデモのモデルにされたり、『栄養士になるんなら、日本の医療保険とか知っといてよ！』と、謎の男性のセミナーの動画を見せられたりしました。動画は『僕たちは年金がもらえなくなるから、今のうちから安定した収入を得る必要がある！　ネットワークビジネスをすることで安定した収入が得られる！　僕たちの会社は最高！』みたいなものです。よく栄養の話もされました。白砂糖は毒とか、油は良いものを使わなくちゃいけないとか。そのときは介護の資格を取る勉強をしているから、保険や年金や栄養の話をしてくるとしか思わなくて」

「すごい素敵な人が料理や栄養のことを教えてくれるから来ない？」と誘われたこともあったが、群青色さんは授業と重なることを理由に断っていた。

膨れる借金、会話ももはや成り立たず……

学業が忙しくなるにつれ純子さんと会う回数も減っていたが、大学４年の夏休みが終わりかけの頃、純子さんの異変に気づくことになる。

「高校の部活の先輩から飲み会の誘いがあったんです。そのとき純子は『先輩と会って無駄なお金や時間を使うなら行きたくない』って言ったんです。『久しぶりだよ。みんなに会いたくないの？』って聞くと、『ちょっとまえに会ったけど、私のこと理解してくれなかった。今は理解してくれる人にお金をかけたい』と言って、飲み会に来なかったんです。ライブに行く約束もドタキャンされて、私が立て替えていたチケット代も渡してくれないから会って話したいと言ったら、『お金がないからお茶代も出したくない。会うならどっちかの家で会いたい』って言うので心配になってきたんです。事情を聞くと消費者金融からお金を借りていることがわかりました。連絡がつかなくなったときはケータイ代も払えなくなっていました」

どうしていつもバイトしているのにお金がないのか？　と聞いてもはぐらかされていた

というが、借金があることを知り、ようやくお金がない原因がZ社にあるのかも？　と気づいたという。

「『今の状況がどうなってるのか正直に話してほしい』って聞いたら『クレジットやリボ払いでローンを組んで、Z社の製品を買ってるからお金がない』って堂々と言われたんです。『それっておかしくない？』って言うと、『借金をしていることはおかしくない。ネットワークビジネスで成功するために買っているものだから。必要なものだから』と悪びれた様子はありませんでした」

純子さんが借金をしてまでZ社の製品を揃えていることと、ノーリスクで時間もお金も手に入れられると言っていたのに消費者金融からお金を借りている状況に、群青色さんは何がなんだかわからなくなってしまったという。疑問を伝えると、「あなたにも長生きしてほしいからZ社のサプリの話をするんだよ」「日本の水が汚いってこと理解してる？　水道水を飲んでたら病気になるよ！　Z社の浄水器があれば病気にならないよ。あなたのためを思ってZ社のことを話してるんだよ」「大学をやめてZ社のビジネスで成功している人もいっぱいいるんだよ」と言われ、もはやふたりの会話は成り立たなくなっていた。

「マインドコントロール」だと気づいた瞬間

「Z社をはじめてから純子の身に何が起こっていたんだろう？っていう疑問をスルーできず、Z社のことを調べはじめたのが2015年（大学4年）の11月です。ネットにあるZ社信者の特徴を読んでいると純子と重なるところが多くて、『もしかして純子はマインドコントロールされている？』って思いはじめたんです」

「洗脳」や「マインドコントロール」同様、マルチ商法会員を「信者」と呼ぶのも、僕が調査した限り、被害者がよく使う表現だった。

「Z社のことを知るにはZ社のディストリビューターに聞いてみるのがいいと思って、ツイッターを通してコンタクトしました」

たとえばサプリを飲んでいるだけで健康になったり病気が治るというのはどういうことか、群青色さんが質問しても、ディストリビューターにはぐらかされるだけだった。何を聞いても「調べなくてもZ社のすごい人が教えてくれる」「Z社のすごい人の言うことに間違いはない」「Z社の製品を使えばわかる」「Z社最高！」というように、Z社のアピールをされるだけだったという。

「私は栄養学を学んでいるから、Z社の話は栄養学的に明らかにおかしいところがあるとわかるんです。たとえばWHO（世界保健機関）や厚生労働省のような公的機関のホームページに書いてあることと違っていたり。そのことを指摘しても、Z社はホンモノだから！と言われるばかりで、それ以上の説明はありませんでした。その嚙みあわない感じが純子に感じるものと同じでした。自分で考えて話しているんじゃなくて、誰かに言われたことをそのまま話しているって。それで『純子もマインドコントロールされている』って理解できました」

共通の友達や先輩は、すでに純子さんがマインドコントロールされていることに気づいていた。

「純子がみんなに勧誘をして反対されていたことを後から知りました。Z社をやめるように強く言われていたんです。純子が私を理解してくれないとか、飲み会にも行きたくないと言っていたのはそういうことだったんです」

気づいたときには手遅れだった

僕は群青色さんに、純子さんをマインドコントロールしていた人のことを知っているか聞いてみた。

「よく会っていたのはインドかフィリピンに家を持っていて家政婦もついているという夫婦と聞いています。20年ぐらいZ社のディストリビューターをしているそうです。純子は『すごい素敵な夫婦』と言って信頼していました。その夫婦の家によく通って食や栄養の知識を学んだり、いろんなことを教えてもらっているって」

短大で栄養学を学んでいたのに、純子さんがZ社の夫婦が教えてくれる栄養の知識に惹かれてしまったのはなぜなのだろう。サプリを飲めば健康になれる。プロテインを飲めば健康になれる。単純なことを「真理」だと信じることが、純子さんにはコツコツと短大で学ぶより楽で魅力的に映ったのかもしれない。

「Z社の夫婦より、私のほうが専門的に学んでいるから栄養についてはたしかな知識があるんです。それなのに、私よりも夫婦のことを信じて鵜呑みにしていることが悔しくて。短大をやめるときも純子は私になんの相談もしてきませんでした。普通は何か相談があってもいいと思うんです。事前に短大をやめることやZ社のことを話したら必ず反対されるとわかっていたからなんですよね。相談しないように夫婦に言われていたんだと思います」

僕も元妻がX社の人と頻繁に会っていることを2年ぐらい聞かされていなかった。

「Z社の上位会員は入会したばかりの人に、『Z社のセミナーや料理教室に来てることは家族や友人には言わないでね。みんなZ社のことを正しく理解していないから。ちゃんとあなたがZ社のことを理解してからみんなに話してね。そうじゃないと間違った情報を吹き込まれてしまうから』って言うということを知って、純子もそう言われてるんだろうなって思いました。上位会員やZ社仲間は純子をマインドコントロールするまえに、誰かに反対されるとZ社が怪しいということに気づかれてしまうから、『誰にも言わないでね』って念を押している。純子はそのとおりに行動していたんでしょうね」

周りが異変に気づいた頃には、人格が変わり切って手遅れになっている。群青色さんが「短大をやめる」と聞かされたときは、もう遅かったのだ。群青色さんは「もっと早く気づいてあげられたらよかったけど、全然気づかなかった」とつぶやいた。

「『マインドコントロールされてるかもよ？』って言ったこともあるんですけど、『マインドコントロールされていても、それで死なないんならそれでいい』って開き直られました。『あなたがしている勧誘には違法なところがたくさんあるよ。そのことについてはどう思うの？』って言っても、『違法なことなんてしていないよ。そういうふうに言うのはZ社のことを正しく理解してないからだよ。気分を悪くさせたなら謝ればいいんでしょ』って埒(らち)があかないんです。Z社に否定的なことには、まったく耳を貸してくれませんでした」

昔みたいに普通の会話がしたい

群青色さんは、まえほどではないが、今でも純子さんと会っているという。肌や髪質に無駄にこだわって、群青色さんの顔を見てはシワやシミを指摘してくると愚痴をこぼした。共通の友人の多くは純子さんを見放したという。

「私も昔みたいには純子とつきあえないなと諦めています。私の心境は複雑ですが半分は割り切っていて、『マルチ商法なんかに引っかかるような人だったんだなぁ』という諦めと、『Z社についてもっと早く調べていたら』『見守らずにもっとはじめから純子の話をしっかり聞いておけば』という後悔と、両方の感情がいまだにせめぎあっています」

悪質なマルチ商法に対して何か言いたいことはありますか？　と聞くと、すぐに群青色さんは「若者の無知につけこむ手口はとても卑劣だと思います」と言った。

「私は4月から就職しますが、本当だったら純子も短大を卒業して栄養士をしていたはずだった、そのことを考えるとやりきれません。マルチ商法の話をすると、パチンコみたいにヤバかったらハマる前に注意できるだろ！　って反論されたことがあります。みんなそういうふうに思うんですよね。でもマルチ商法はそんなにかんたんな問題じゃないことがわかりました。やっぱり学生でマルチ商法の怖さを理解している人はほとんどいないと思います。実際に身近な人がマルチ商法にハマってしまう、そういうふうに自分の身に降りかかってきて、それではじめてマルチ商法の恐ろしさに気づくものなんだと思います」

僕は最後に、「純子さん、短大は卒業できなかったけどマルチ商法は卒業できるといいですね」と声をかけた。

「ただそれだけを祈っています。純子がマルチ商法をやめるには自分でおかしいと気づかご愛読ありがとうございます。

読者カード

●ご購入作品名

[　　　　　　　　　　　　　　　　　　　　　　　　　　　　　　]

●この本をどこでお知りになりましたか？

1. 書店（書店名　　　　　　　　　　　　　　）　2. 新聞広告

3. ネット広告　4. その他（　　　　　　　　　　　　）

年齢　　歳　　　性別　男・女

ご職業　1.学生（大・高・中・小・その他）　2.会社員　3.公務員

4.教員　5.会社経営　6.自営業　7.主婦　8.その他（　　）

●ご意見、ご感想などありましたら、是非お聞かせください。

●ご感想を広告等、書籍のPRに使わせていただいてもよろしいですか？

（実名で可・匿名で可・不可）

●このハガキに記載していただいたあなたの個人情報（住所・氏名・電話番号・メールアドレスなど）宛に、今後ポプラ社がご案内やアンケートのお願いをお送りさせていただいてよろしいでしょうか。なお、ご記入がない場合は「いいえ」と判断させていただきます。

（はい・いいえ）

本ハガキで取得させていただきますお客様の個人情報は、以下のガイドラインに基づいて、厳重に取り扱います。

1. お客様より収集させていただいた個人情報は、よりよい出版物、製品、サービスをつくるために編集の参考にさせていただきます。
2. お客様より収集させていただいた個人情報は、厳重に管理いたします。
3. お客様より収集させていただいた個人情報は、お客様の承諾を得た範囲を超えて使用いたしません。
4. お客様より収集させていただいた個人情報は、お客様の許可なく当社、当社関連会社以外の第三者に開示することはありません。
5. お客様から収集させていただいた情報を統計化した情報（購読者の平均年齢など）を第三者に開示することがあります。
6. はがきは、集計後速やかに断裁し、6か月を超えて保有することはありません。

●ご協力ありがとうございました。

郵便はがき

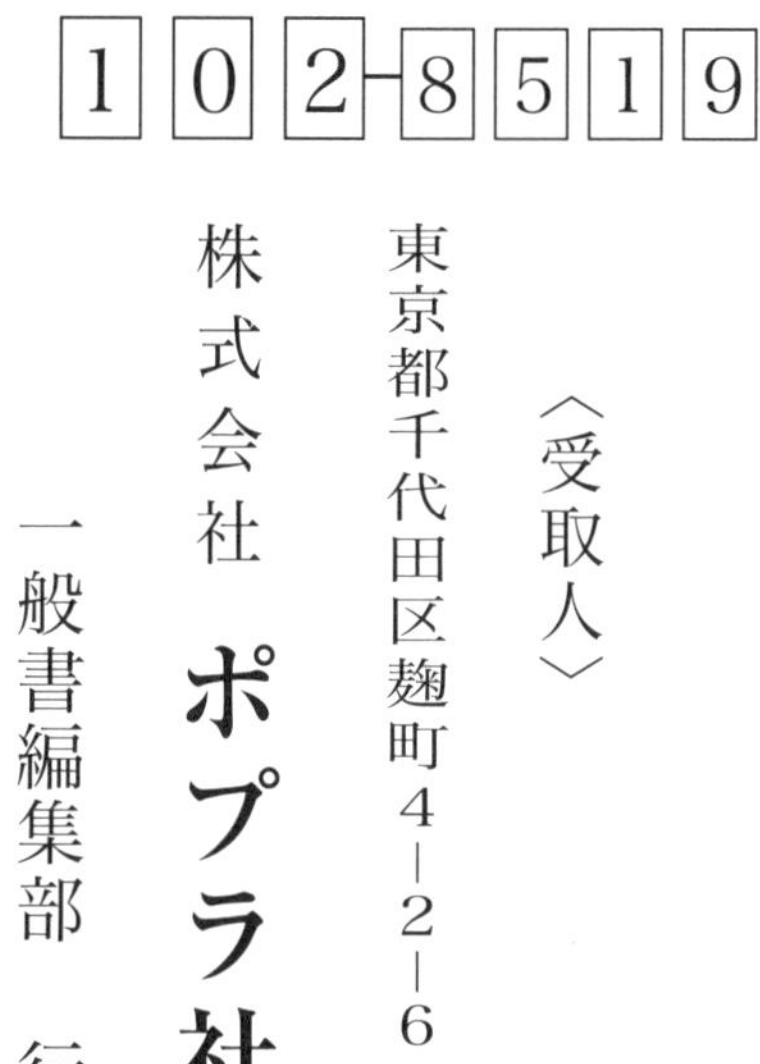

お名前 (フリガナ)

ご住所 〒 TEL

e-mail

ご記入日 年 月 日

ないといけないんだと思います。純子が『もうマルチ商法は卒業したい』と思うようになるのを祈ります。たわいもない話だったり愚痴だったり恋愛の話だったり、昔みたいに純子と普通の会話ができる日が来ることを信じたいと思います」

後日、記事を公開すると、群青色さんから「これで区切りがつきました」と一言だけの連絡が来た。それまではマルチ商法へのいらだちを毎日のようにツイートしていたが、それきり群青色さんのツイッターは更新されていない。

仲の良かった友達がマルチ商法にハマって人格が変わる。いまだに友達を引き留められなかったという自責の念にとらわれることもあるだろう。群青色さんも決して納得したわけではないだろうが「区切りがつきました」というのもわかる気がした。身近な人がマルチ商法にハマった場合には、不条理な状況を受け止めて、もう自分の手には負えないと区切りをつけなければいけないこともある。いつまでもマルチ商法にハマった人に振り回されていたら自分の身が持たないからだ。群青色さんは「区切りがついた」のではなく「区切りをつけた」のではないかと思った。

純子さんは見た目が派手になったという。僕が聞き取り調査をしていると、マルチ商法にハマった人が、考え方から思考、外見に至るまで、アップや師匠と呼ばれる上位会員の真似をするようになってしまったという声をよく聞く。まるで再生産されたロボットのように。純子さんも「こういう服を着なさい」と上位会員の指示を受けているのかもしれない。そうして友達が変わっていくのは寂しいものだ。

最近ニュースで報道されている「モノなしマルチ商法」や「数十万円の投資ノウハウが詰まったＵＳＢのマルチ商法」など、社会経験の浅い学生や若者を狙ったマルチ商法がある。それらは金銭的な被害を受けた時点で本人が気づくことがあるので、まだ救いがある。だが10年20年と続いていて、そこにカリスマ性をもった上位会員がいるグループが存在するようなマルチ商法にハマると、気づいて抜け出すのはかんたんなことではない。純子さんのように、金銭的な損失を被っても気づくことはないというのが僕の実感だ。

僕のもとには学生が悪質なマルチ商法にハマってしまったという相談がときおりやってくる。友達やお子さんがハマっているという相談だ。マルチ商法のなかには学生は入会できないことになっているものもあるが、一部の会員が学生へアプローチしていることがある。学生でもマルチ商法の関係者と何度も接触しているあいだにハマってしまい、純子さんのように退学してまで入会したり、卒業と同時に入会して活動をはじめてしまうのだ。

今、群青色さんは栄養士として働いている。同じように栄養士になるはずだった純子さんは、群青色さんの姿を見て何を思うのだろうか。相変わらずＺ社で学んだ健康や栄養の話を誰かにしているのだろうか。

3　蜃気楼さんとお母さん

２０１７年12月

私が小4のとき、母は信者になった

２０１７年、もうすぐクリスマスという頃、蜃気楼さんというアカウントのツイートに目が留まった。

蜃気楼さんのツイートには、小学生のときに母親がX社にハマり両親が離婚したこと、その後、母親の借金で生活が苦しくなったこと、X社のサプリを強制的に飲まされていたこと、それが原因で自殺未遂をしたことなどがつづられていた。

マルチ商法会員の子ども、いわゆるマルチ商法2世の声だった。幼稚園の頃に別れた僕の娘も小学生になっている。

マルチ商法では、子どもたちがどういう思いをしているか、子どもの視点から語られることはない。僕にとって蜃気楼さんの声を聞くことは、離れて暮らす娘の声を聞くことのような気がしていた。

年の瀬も押し迫っていたが、蜃気楼さんの声を聞かずにはいられない。僕は気がつくと蜃気楼さんにDMでインタビューのお願いをしていた。蜃気楼さんは「私の語彙(ごい)力でどこまで伝わるかわかりませんが協力させてください」と、こころよく了承してくれた。

「母が本気でマルチ商法X社にのめり込むようになったのは私が小学4年生のときでした。小4からの想い出はX社一色です。苦しいことばかりだったけど、誰かに話してもわかってくれなかった。誰も私に手を差し出してくれなかった。X社の話をすれば私が嫌われてしまうから、友達や身近な大人にも相談できず、自分ひとりで抱え込んでいました」

現在は結婚し、お母さんと縁を切ったことで平穏な毎日を過ごせるようになった。だが、最近知りあって間もない友達に誘われた料理教室でX社の勧誘に遭い、当時の記憶が蘇ってしまった。それまで自分のなかに閉じ込めていた感情を蜃気楼さんはツイートしたのだ。

「料理教室で使われている製品、そして室内にあるものを見渡してみると、ひとつひとつに見覚えのあるX社のロゴがありました。その瞬間、すべてを悟り身構えました。料理教室に誘ってくれた友達は、すごく明るくて、めちゃくちゃいい子なんです。だから私の母のようになって将来をつぶしてほしくない。だけど止めることはできないこともわかっていました」

「止めることはできないことがわかっている」とは身をもって経験しないと出てくる言葉ではない。

「母がX社をはじめたきっかけは、母の弟、つまりおじさんからの紹介です。母はX社にハマるとすぐに、いろんな製品を買いはじめ、あっという間に家はX社製品で溢れかえりました。みんなを幸せにすると言い出し、ありとあらゆる知人への勧誘がはじまりました。すると生活も一変しました。家庭が崩壊し、母子家庭となり、借金に苦しめられる毎日がはじまりました。それでも母はX社をやめることはありませんでした。そのことで私自身が病んでしまい自殺を図りました。だから、このX社のロゴにはトラウマがあったんです」

昔のお母さんが大好きでした

マルチ商法をはじめる前のお母さんは家族想いの優しい人で、食事は魚や野菜が中心で家族の栄養にとても気をつかっていた。昼間は工場でパートをして家族を支えてくれていた、そう話す蜃気楼さんに、僕もハマる前の元妻のことをそんなふうに誰かに話していたことを思い出した。

「お母さんは明るくて素直で、もしかしてとても綺麗な人だったんじゃないですか？」と尋ねると、「すごい！　どうしてわかるんですか？」と驚かれた。「美人かどうかはわかりませんが、声が綺麗で、よく絵本を読んでくれました、昔のお母さんは大好きでした！　すごく明るくて、人のことを無条件で信じる、行動的な人でしたよ！」と懐かしそうだった。

「でも、X社は大嫌いでした。だからX社が大好きな母のことも大嫌いになってしまいました。もともと、父と母が仲良くしていた記憶があまりないんです。母がX社にハマってからは、あからさまに父へ厳しい態度を取るようになりました。特に怒りっぽくなったのはX社をはじめて間もない頃。X社にハマるほど、父への態度がキツくなっていく母が怖くて、私はずっと父と一緒にいました。父も家に居場所がなかったんだと思います。私と父はふたりでいろんなところに出かけました。映画館とか、喫茶店とか。それが母の目には、『父親の味方をする娘』と映り、気に食わなかったのか、徐々に私への風当たりも強くなっていきました」

お母さんは父親と仲の良い蜃気楼さんへ嫉妬したのかもしれない。娘を我が物にし夫を疎外するケースは、マルチ商法にハマる主婦の話を聞くなかで、よく出くわす。そして小学4年生の蜃気楼さんでもすぐにわかるぐらい、お母さんの様子はおかしくなっていく。洗剤を手はじめとして、空気清浄機、浄水器、鍋、調理器具、食品関係、サプリメント……、家のなかにX社製品が増えていった。

「なんかお母さんヤバい！」

「頻繁に『X社』と連呼するので、『なんかお母さんヤバい！』と恐怖を覚えるようになりました。急に機嫌が良くなったり悪くなったりを繰り返して、その変化についていけなくなりました。X社の話をしているときはすごく楽しそうだけど余裕がないと、私は子どもながらに感じていました」

蜃気楼さんは強制的にX社の集まりに連れ回され、そこでお母さんがX社のグループリーダーに「マインドコントロール」されている印象を受けていた。お母さんは、40代の女性で夫婦そろってX社に取り組んでいるグループリーダーを崇拝し、家でも「○○さんがっ！　○○さんがっ！」と壊れたロボットのように口にしていたという。そのグループリーダーに「普通の人は時間と引き換えにお金を手に入れるけど、X社は売りまくれば権利収入でお金が手に入るから、会員増やすのがんばってね！」と言われたり、「明日ハワイ行こう！　と思ったときに行ける人生にしましょう！」と言われ、恍惚としていたお母さんの表情を昨日のことのように覚えているという。

「それから母は、手あたりしだいにX社の勧誘をするようになりました。友人知人はもちろん、私の同級生のお母さん、さらには小学校の担任の先生まで勧誘していたんです。母の友達や、母の母（おばあちゃん）が『やめたほうがいいよ』と説得していましたが、母は聞く耳を持ちませんでした。父も何度も母に説得していたんです。そのたびに母はヒステリーを起こして。父は疲れ果て、つらそうにしていました」

母にされた恐怖の出来事

お父さんとお母さんが離婚したのは蜃気楼さんが小学生5年生のとき、お母さんがX社をはじめてから1年ぐらいした頃だった。

「最後に父と行った映画は『ハリー・ポッターと秘密の部屋』でした。その帰りの車で『お母さんとお父さんどっちか選ばなきゃいけなくなったら、どうする？』と聞かれたんです。私が『お父さんは？』と聞き返すと、父は黙り込みました。そのまま父も私も無言で家に帰りました。その翌日、父と母は離婚しました」

離婚することで蜃気楼さんは「これでお母さんと離れられる！」と希望を持った。だが、お母さんと離れお父さんと暮らすという蜃気楼さんの希望はかなわず、お母さんのもとに残ることになる。離婚したことでタガが外れてしまったのか、お母さんは、ますますX社にのめり込んでいき、蜃気楼さんにもX社の良さを伝えようと必死になった。「すぐに思い出せるだけでも……」と、お母さんの必死ぶりを物語るエピソードを話してくれた。

1 強制的に飲まされるサプリメント

嫌がっているのに「あなたのために」と言われて無理やり飲まされていた。こんな味のしないサプリメントよりも、今まで作ってくれたご飯のほうが私は好きだった。母はX社にハマってからはX社の鍋でご飯を炊いていた。でも私はX社の鍋で炊いたご飯よりも、いつでもあったかい炊飯器で炊いたご飯がよかった。

2 夜なのにX社製品デモパーティに引きずりまわす

行きたくなかった。参加してる大人は何かに取り憑かれたみたいに、みんな目が怖かった。本当は仲良くないのに、うわべだけの気持ち悪い仲良しごっこをしているということが、小学生ながらにわかり恐怖でいっぱいだった。

3 X社信者にしてこようとする

X社のお口スプレーをキーホルダーにして、持たせられていた。要は子どもに歩く宣伝をさせていた。X社の看板を小学校に持って行かせられていた。怖すぎる。

4 私の友達のお母さんが餌食になる

友達のお母さんに「お茶飲みにきてー。お話ししましょ！」と声をかけまくっていた。

もちろんX社の勧誘目的だった。これで私の人間関係は崩壊した。仲の良かった友達に「〇〇ちゃんあそぼー！」と言ってても「ごめん。××ちゃんとはお母さんが遊ぶなって……」と避けられるようになった。つらかった。

5　病院に連れて行ってもらえない

本当に苦しすぎて、涙と嘔吐が止まらなくて、母に助けてほしいのに、「X社のサプリメントを飲めば大丈夫だからゆっくり寝ててね！」と、母は言い残してX社のパーティに出かけて行った。体調が悪化した私は、なんとか祖父母に電話して助けてもらったが、祖父母の家が遠かったら危なかったかもしれない。

6　体質に合わないのに使わせ続ける

X社のシャンプーが体に合わなくて、すごいフケまみれになった。「お願いだからシャンプー違うの使わせて！」と言っても「X社の商品は良いものだからそのうち慣れる」と言われて我慢して使い続けさせられた。結果、私は今でもハゲだ。

7　知らないおじさんとデート

これが一番きつかったかもしれない。X社で知りあったおじさんと母が頻繁に会うようになり、なぜか私はそのデートに連れて行かれて、見たくないものを見せられた。今思い出しても吐き気がする。

8 家庭崩壊離婚

知らないX社おじさんと母がデートしてるのが気持ち悪すぎて、そのことを父に報告したらもう離婚ということになった。はぁ……ようやくこれで母のわがままに振り回されることがなくなるって思ったら、なぜか母に引き取られた。私の心は死んだ。

9 うまくいかないと八つ当たりされる

私は母のサンドバッグだった。母が勧誘に失敗したり、目標を達成できなかったり、X社のことでうまくいかないことがあると、汚い言葉を浴びせてきたり、物を投げてきたり、殴ったりしてきた。私には友達も頼れる人もほとんどいなかった。新しい友達を作っても、ぜんぶ母がぶち壊すことがわかっていた。私は絶望していた。

そこにはマルチ商法に過剰にハマり込み、まだ小学生の娘をも、人として見られなくなった母親の姿があった。「母はX社での成功を夢見ていた」と蜃気楼さんは言ったが、お母さんは、その成功を夢見たことで、人として忘れてはいけないものを忘れてしまったのではないだろうか。

「どう見ても我が家が豊かになっていく様子はなかったです。家にはX社製品が溢れ、在庫のダンボールの山がつらなっていて。そこにはもう綺麗な声で絵本を読んでくれた優しい母の面影はなく、私は気味の悪い化け物と暮らしていました。すっかり壊れてしまった母とは日常会話も成り立たなくなりました。母は『幸せ』『感謝』という言葉を連発し、荒れ果てた生活から目をそらし続けていました。もう元の母には戻らないということを、私は子どもながらにわかっていました」

それでも、蜃気楼さんは、ずっと「お母さん！　X社をやめて！」と言い続けていた。泣きながら「やめて！」と言っても、お母さんは意に介することはなかった。そして蜃気楼さんは自分を責めた。子どもの言うことだから、説得力がないから、お母さんは耳を傾けてくれない。だからやめさせられない、だからお母さんは離婚して借金をしてしまった、だからX社でうまく稼げないことでいらだつお母さんに毎日暴力を振るわれる、自分も友達づきあいがうまくいかない。こんな家庭環境になったのも全部自分のせいだと考えてしまった蜃気楼さんは自殺を図った。

「自殺は未遂に終わりました。それからの一時期、母はX社から遠ざかりました。でも今度は怪しい宗教とか、風水とか、引っかかるものすべてに引っかかっていきました」

もしかするとお母さんはやめようとしたことが何度かあったかもしれない。だが一度何かを信じてそれにすがる癖が身につくと、なかなか抜けられない。自分でも気づかないうちにそういうものに目が向いたり、そういうものが近づいてくる。そしてそれを妄信するループに陥る。マルチ商法をやめたものの、また別のマルチ商法や情報商材にハマる人はめずらしくない。僕のもとに集まってきた声のなかには10以上のマルチ商法に手を出し、「今回のは本当にすごいから！」と勧誘してくる人もいた。

「少し経つと結局X社にどっぷりハマる毎日に戻りました。母は本当にすばらしい反面教師でした。私が小さいときからためていたお年玉にも手を出しX社の活動に費やしました。そのため私が社会に出たときに使えたお金は自分でバイトで稼いだ１万円だけでした」

地獄の日々から引きずり出してくれた人

今、蜃気楼さんは25歳になった。

お母さんのいる実家には結婚してから一度も帰っていない。いまだにX社会員であるお母さんと、うまくコミュニケーションを取る自信がないからだ。「それ以前に、勧誘をされるかもしれない恐怖があるんですけどね」と言う。

「いろいろありましたが、今こうやって温かい部屋で冷静に過去を振り返る余裕があるのも、すべて旦那のおかげです」

蜃気楼さんには小学生の頃から好きだった人がいた。それが今の旦那さんだ。マルチ商法の地獄の日々から引きずり出してくれたのも旦那さんだった。

「旦那とは高校2年のときからつきあいはじめました。旦那には母のことX社のこと、ぜんぶ話しました。後で知られて嫌われるくらいなら先に話したかった。私の置かれている状況を知った旦那は、私を守るために毎日家に遊びに来てくれました。それだけで母は私に手を出せなくなりました」

高校生で恋人がマルチ商法で苦しんでいることを理解していることに感心した。僕が高校生のとき、そんなふうに誰かがしんどい状況にいることを思いやったことがあっただろうか。

「旦那のご両親には『まだ高校生なんだから、あんまり遅い時間までお邪魔しちゃ駄目よ』とお叱りを頂いてましたが、『将来絶対に結婚するから、今からお互いのことをいっぱい話したい』とゴリ押しして許してもらっていました。それで私は高校時代を比較的安心して過ごすことができたんです。そして私は家から出ていくために、寮のある会社に就職し、3年間そこで一生懸命働きました」

蜃気楼さんはお母さんから逃げた。旦那さんのサポートを得ながら。そして自分の居場所を作っていった。

「その3年間、地元に帰るときは旦那の家に帰っていました。どうせ実家に帰っても私の居場所なんてありませんでした。部屋がない、布団がない、相変わらず借金に追われ、家のなかは荒れ放題で、ゴミ屋敷と化していました。実家は私が安心できる場所ではなかったんです。旦那の家しか安心できる場所がなかった。旦那の家族は本当にいい人しかいなかった。お父さんも優しい（お父さんがいるのがうらやましい）。おじいちゃんおばあちゃんはいつも『おかえり』と言ってくれる。お母さんはお料理がとっても上手。本当に素敵な家族で、だから旦那もこんなに素敵な人に育ったんだなって。その後、結婚して旦那の実家で1年過ごしました。今は旦那の収入も安定したのでふたり暮らしをしています」

今は幸せと言う蜃気楼さんに、どういうところが？　と尋ねると、作ったご飯を「おいしい」と喜んでくれたり、洗濯物や掃除に「ありがとう」と言ってくれるということだと言った。

「旦那と出会い、私は無償で人を思いやり行動するという本当の愛を知ることができました。母と一緒に暮らしていたときには感じることのできなかったことです。母だけではなく、マルチ商法の会員には絶対にできないことです。だからマルチ商法の会員の安っぽい言葉に惑わされないでほしい。『あなたのために』とか。『出会いに感謝』とか。彼らに人を思いやる心、感謝、優しさ、そういうものは一切ない。だから、彼らは人を平気で利用する。人を利用することに罪悪感もないから、残酷なことができる。それが我が子であっても」

「お子さんはいますか？」と聞くと、「まだいません。何年か先には子どもを産んで、母親になっているかもしれない」と言った。そして「母のようになりたくない。自分が小さいときにされて嫌だったことは絶対に子どもにしたくない」と力を込めた。

子どもは家族を選べない

僕は年末の忙しいときにインタビューにつきあってもらったことにお礼を言った。最後に記事を通して伝えたいことはないかと聞いた。

「子どもを持ちながら、Ｘ社の活動に精を出しているお母さんはたくさんいると思います。その人たちに伝えたいです。周りの大切な人の声をちゃんと聞いてくださいと。何の理由もなく『Ｘ社やめて！』なんて誰も言わない。大好きなあなたが、大好きでなくなっていくことが悲しいから『Ｘ社やめて！』と必死で止めている。Ｘ社の仲間と家族、どっちを信じるのか冷静に考えてほしい。仮にＸ社を信じて行動しつづけても成功なんてしないし、家族や友達、お金、人格、理性、信頼、人として大事なものは、すべて失うことになるだけです」

僕も妻に「やめてほしい」と言ったときのことを思い出した。そして、まだ幼稚園だった娘はどういう思いをしていたのだろう、そして今どうしているのだろうと。

「X社にハマった母親の子どもたちは苦しい思いをする。だけど母親の前では子どもには選ぶことなんてできない。断ることもできない。逃げることもできない。それが小4の頃からの私でした。X社は小4の私から母を父を、私の人生を奪っていきました」

これでインタビューは終わりにしようと思ったが、僕は「お父さんは……」と聞いていた。

「両親が離婚してから、一度だけ父に会いに行ったことがあります」

蜃気楼さんはお父さんのことを話してくれた。

「父はいつも優しくて、高熱が出て病院で点滴を受けたときも、『よくがんばったね』とか、『今日はおまえの好きなもの食べよう』と言ってくれました。今でも思い出すとあったかくて泣きそうになります。両親が離婚してからも、私は父が大好きでした。父が恋しかった。でも、どうして私はお父さんといられなかったんだろうって、すごく悲しかった」

「お父さんは、会いたかったはずです。すごく」と僕は言った。

「母には『絶対に会いに行ったらだめ、許さない』と言われていました。でも、勇気を出して父に会いに行きました。そしたら父は、すっかり廃人になっていました。会いたかった父とは、まるで別人になっていました。とても『助けて』なんて頼れる状態ではなかった。もう私は自分しか頼れないんだなって思いました。本当に私の家族は壊れたと感じました。父は常識人だったから私や母のことを考えてくれていたと思います。だからこそ、X社のせいで今まで自分が積み重ねてきたものを壊されたこと、築き上げた家族を失ったこと、そしてX社にのめり込む母をやめさせることができなかったことはショックだったでしょう」

もう僕は、何も言えなくなっていた。

「離婚したばかりの頃は、毎日父のことを気にしていましたが、それも時間が経つにつれて気にしなくなっていきました。今でも、ふと父に会いたいと思うことがあります。だけど、会いに行ったところで何をしたらいいのかと。もう自分から父に会いに行くことはないと思います。今、父がどこで何をしているのかもわからない。生きてるのかもわからない。父には、私が今、幸せに暮らしていることを知ってほしい。そして安心してもらいたいです」

年が明け、蜃気楼さんの声をまとめた記事を公開した。記事の感想ツイートを見た蜃気楼さんは「少しでもマルチ商法の怖さを考えてくれる人がいてよかったです」と言った。

マルチ商法をしている人の陰には、蜃気楼さんのような子どもがいる。子どもが言葉にして人に伝えるのは、大人以上にハードルが高い。そんなあたりまえのことも僕らは見落としてしまいがちだ。

小学生の頃からマルチ商法にハマったお母さんと暮らしていた蜃気楼さん。今は「おかえり」「ありがとう」と言ってくれる旦那さんと暮らしている。

4 さやかさんと恋人

2018年10月

夢を100個持つ恋人

「ズュータンさん！　京平（仮名）がX社のサプリのおかげで、84歳のおばあさんに生理が来たって言ってるんですけど本当ですか？」

そうDMが来たのは2017年の11月。京平君はさやかさんの恋人だ。

「どっかのおばあさんが、あそこから血が出て病院で診てもらったら、『これは生理ですね』っていわれたって……」

僕が「それ生理じゃなくて、何か、重い病気かもしれない」と言うと、さやかさんは「そうですよね」と答えた。

「驚いた顔をしてたら『これはX社のサプリでしかできないことだ』ってドヤ顔で……。『うちのお母さん、生理止まったよ？』って言ったら、『ご飯しっかり食べてないからだよ』って言いかえされた。『そんなの常識だよ。知らないの？　X社のサプリを飲めば生理来るよ。ちゃんと勉強して！』みたいな感じで。怖くて、何も言えなかった……」

さやかさんが京平君といるときは、いつもこんな感じだった。たまらずツイッターのDMで僕に相談してきた2017年の5月から、僕はさやかさんとやりとりを続けていた。

「寝室の空気は汚れている！　渋谷のスクランブル交差点よりも汚いんだ！　だからX社の空気清浄機が必要だ！」

「水道管の中の写真を見たことがあるか？　むちゃくちゃ汚いんだ！　そんな汚い水で炊いたご飯を食えるか！　水道水をそのまま飲むとガンになる！　だからX社の浄水器が必要だ！」

「X社のサプリを飲んでいれば風邪を引かない！　病気になってもX社のサプリを飲めば治る！　X社のサプリで難しい病気を治した人もいっぱいいる！　病院に行くなんてありえない！」

「醤油とか塩とかスーパーで売られてるものは毒だ！　調味料もX社のものじゃなきゃダ

メだ！　他社の買うなんてバカか！　俺は母親にひどいものを食わされていた。母親の料理は健康に気をつかっているものではなかった。それに気づかせてくれたのはX社！　健康に気をつかえないやつは、生きてる資格がないし、生きててもロクな人生にならない。みんなX社製品で健康になってほしい！」

さやかさんは、こんな話を、ずっと聞かされていた。電話が来れば、何時間もX社の話を聞かされる。会うたびに「健康になってほしいから！」とX社のサプリを6粒飲まされる。さやかさんは精神的にまいっていた。

「車に乗ってると『おまえの夢は？』って何度も聞いてくるんです。『ない』と答えると京平はいらだちはじめるから、しかたなく『アパレル』って、その場を切り抜けるために適当に答えたら『そういうんじゃなくて！』とキレて、『そんな夢でいいの？』って問い詰めてきて。私は、なんて言えばいいのかわからなかった」

こっそり京平君のノートを見ると、『夢リスト100』と書かれ、そこには京平君の夢が100個書いてあったという。さやかさんはそのノートの写メを僕に送ってくれた。

毎日感謝をしている！　きれいな海で泳いでいる！　おいしいスイーツを食べている！　一流ホテルに泊まっている！　ものすごく宇宙パワーを使っている！　俺がリーダーになり全力でみんなのサポートをしている！　地元を盛り上げている！　豪華なクルーザーで仲間とパーティーをしている！　顔の肌がつるつるになっている！　キャバクラに行っている！　シャンパンを一気している！　仲間で夢を語っている！　ステージの上でみんなにお礼を言っている！　草原で大の字で寝ている！　愛している人と結婚している！

こんな感じの夢が１００個も並んでいた。「よく、こんなものを１００個も書けたよね」と、さやかさんとふたりで感心しあった。「愛している人と結婚している！　って私じゃないですよね……。夢リスト１００を見てたら、悲しくて涙が止まらなくなった。こんな人じゃなかったのにって」と悲しそうに言った。

京平君は仕事をやめた。X社での成功を夢見て東京へ引っ越した。X社を通して知り合い、目をかけてくれた人の家の近くに弟子入りのような形で引っ越した。さやかさんが、それを聞いたのは、京平君の友達からだった。

なぜ、こんなことになってしまったのだろう。

地方都市で出会った「自慢の彼氏」

人口15万ぐらい。半径5キロほどで、仕事も生活も人間関係もすべて完結する。そんな地方都市でさやかさんと京平君は恋人同士だった。

京平君は、さやかさんのひとつ年上。高校卒業後、父親の勤める内装会社に就職し、現場で3年働いた。

「私は夜の仕事。京平との出会いも私の働く店。お客さんの8割はヤリモク。でも京平は違って見えた。みんなカッコつけてお店に来るのに、京平は上下ジャージで(笑)。おとなしくて、会話にもまざろうとしなかった。どこか居心地が悪そうで、まるで捨てられた子犬みたいな。京平が店にいるあいだ、私は自然と京平を目で追ってた。私からツイッターで声をかけて少しずつ仲良くなって、ある日の夜、公園で『好きだ』と告白してくれた」

さやかさんは、X社にのめり込む前の京平君のことを、よく話してくれた。

「内気だけど優しかった。私の仕事が終わるのは深夜2時すぎ。京平は朝早くから仕事があるのに、私に会うために、たびたび車で待っていてくれた。私も仕事がつらくて。客に嫌なことを言われて、店の裏で涙を流したことだって何回もあった。だけど京平が待っていてくれると思うとがんばれた。『あと1時間がんばれば京平に会える！』。そうやって、仕事も乗り越えられた。私の成人式、わざわざ私のためにスーツを着て式場に会いに来てくれた。いつもは現場の作業服なのに。無理してがんばってくれた」

そのときに写真館で撮った、ふたりで微笑んで見つめあっている写真がある。京平君もさやかさんも幸せいっぱいの笑顔。とても良い写真だった。

その頃の京平君から渡された手紙には「俺たちの子ども！」という言葉が添えられた、ふたりの赤ちゃんのイラストがあった。さやかさんは、いつも「ずっと一緒に居ようね」「結婚しようね」と言ってくれる京平君のことを会えば会うほど好きになっていった。京平君のお母さんも優しくしてくれた。さやかさんにとって自慢の彼だった。

はじめて京平君からX社のことを聞いたのがいつかを尋ねると、つきあいはじめて3か月経った頃だという。

「京平がX社の話をしだしたとき、直感的にヤバいと感じて心がザワついて。だけど、ここまでひどいことになるなんて想像できなくて。私はマルチ商法のこと、何もわかっていなかったから」

京平君がX社をはじめたきっかけは、今でもよくわからないという。ただ、さやかさんとつきあう前からだということだけは察しがついていた。

「きっかけは京平の友達、京平のお母さん、誰に聞いてもわからない。誰かから県庁所在地での集まりに誘われたのがはじまりということだけ、なんとなくわかってて。それも私と出会う前。いまだに京平は、誰からX社が伝わってきたのか、X社のディストリビューターと連絡をとりあっていたことなど、一切話そうとしない」

誰からマルチ商法が伝わってきたかを話さないのは京平君のケースがまれなわけではない。マルチ商法をやめた人からは、上位会員から「上位会員に会っていることを誰にも話さないように言われていた」と聞かされることが多い。こうして家族にも恋人にも友達にも気づかれないところで、マルチ商法側の人間と本人は関係を深めていく。

フィリピンの自己啓発セミナーへ

「どうしよう！　お父さんと京平が殴りあいをしているの！」

ある日、京平君のお母さんから、さやかさんに電話があった。京平君が仕事を休んでフィリピンに行くと言い出し、お父さんと争いになったのだ。

ここで石井氏（仮名）のことに触れておかないといけない。X社のトップディストリビューターのひとりであり、若者向けに自己啓発セミナーのような講演を各地で開催していた。その石井氏が、さやかさんと京平君が暮らしている県の県庁所在地で講演をした。

「夢はなんだ？　一度きりの人生だ！　行動しようよ！　自分の人生は自分で作っていこうよ！　自由を楽しもうよ！　未来を仲間とおもしろくしようよ！　それが豊かってことだろ！　たくさん学んで成長しようよ！　それをかなえられるのがX社なんだよ！」

そんな石井氏の言葉に触発された京平君は、石井氏が主催する、表向きは語学留学というていの、2週間のフィリピン自己啓発セミナーに参加したいと言い出したのだ。

僕の元妻もフィリピンのセミナーに誘われていた。ほかにも、マルチ商法や情報商材にハマった人がフィリピンの短期セミナーに参加したという話は何度も聞いたことがあったので、嫌な予感しかしなかった。

「お母さんの声に、ただならぬ様子を感じて。私は車の免許がなかったから、急いで母に車を出してもらって京平の家に急いだ。ご飯を食べてないって聞いていたから、リンガーハットで長崎ちゃんぽんをテイクアウトして。京平の家に着くと、お父さんと京平の争う声が聞こえて、怖くて中に入れなかった。外は寒かったけど1時間待った。ようやく家に入れてもらうと、お父さんと揉みあって破れたパーカーを着た京平がいた。私とおそろいのパーカー。京平は長崎ちゃんぽんを食べながら『あいつら、なんもわかってねぇ！』と声を荒らげて……」

結局、京平君はフィリピン行きを決行した。そのあいだ、さやかさんは食事がのどを通らず4キロ痩せた。フィリピンから帰ってきても連絡はなかった。心配になったさやかさんが京平君の家に行くと京平君は出かけていた。お母さんが京平君に電話をして「さやかちゃん来てるよ」と言うと、京平君の「なんでいんの？」という声が電話越しに聞こえてきた。

「『なんでいんの？』『なんでいんの？』『なんでいんの？』頭のなかでリピートされた。私は彼のなんなんだろう。京平と別れることのできない私は、損な性格をしているってわかってた。彼がX社をやってるなんて恥ずかしくてたまらない。でも、好きな人を急に嫌いになるなんてできなかった。それに何より、なんとかしてX社をやめさせたかった。大切な人が間違った方向に進んで行くのを、見過ごすことができなかった」

フィリピンから帰ってきた京平君の携帯の待ち受け画像は、さやかさんから石井氏に変わっていた。京平君は石井氏が近くの県でセミナーを開くことがあれば、仕事を休んで参加するようになった。わざわざ沖縄まで飛行機で出かけたこともある。「俺、石井さんのセミナーで『京平！　ちょっと来い！』って壇上に呼ばれてさ！『こいつはすごいやつなんだ！　仕事を休んでフィリピンまで来た！　なんて行動力のあるやつなんだ！』って褒められたんだぜ！」と誇らしげに話していたという。

「京平と石井のラインのやりとりに、『今まで生きる希望がなかったけど、X社に出会って希望が湧いた』ってあって、それを見たら、今までの彼の人生や、私との思い出が全否定されている感じがした。『あいつら（両親）は俺がずっとX社について語っていたら黙ったままだった。何もわかってないくせに、今まで反対しやがって』と、吐き捨てていた。『違うんだよ、京平。わかってないのは京平のほうだよ。お父さんもお母さんも全部わかってる。洗脳された京平には、何を言ってもダメだって諦めている。だから、何も言わなくなったんだよ』って伝えたかった」

さやかさんだけではなく、両親も祖父母も京平君のことで心をすり減らしていた。

「お母さんとご飯を食べているとき、お母さんが『前はあんなにいい子だったのにどうして……』『さやかちゃんは京平と別れたほうが幸せだと思うけどね』って、その場で泣いた。私も泣いた。もうすぐ京平が帰ってくるからって、お母さんがティッシュをくれた。拭いても拭いても涙が止まらなかった。『いつか、この話が笑い話になるといいね』『あと、2、3年後には赤ちゃんできるのかな』『ごめんね。完全に洗脳されてるよね。つらい思いさせてごめんね』と優しい言葉をかけてくれた。その後、お母さんとおばあちゃんは消費生活センターに相談に行ったけど、何も変わらなかった」

勧誘失敗、そして孤立

京平君は、職場の人、友達、地元の知り合いに、サプリを飲んでいるところを見せつけながら勧誘していた。しかし、さやかさんが聞く限り、勧誘はうまくいっていなかったようだ。

「『頭が痛い』と言ったり、イライラして溜息をつくことが多くなった。『どうしたの？』と聞くと、『X社はたったこれだけなのに、みんなわかってない！』とグチをこぼした。

そりゃそうだろうなと思いました」

しかし、どれだけうまくいかなくても京平君はX社に疑問を持つことはなかった。勧誘がうまくいかないことを、X社を理解しない人たちのせいにし、やがて理解しない人たちのことをバカにするようになる。そうして優越感にひたるようになっていった。

「私はいつか京平の目が覚めると願っていた。『俺は何もかも捨てて、ひとりになったとしてもこの道に進むから！』って目の前で宣言されても1年もしたら京平も目が覚めるだろう。そしたら、『おかえり！』って抱きしめてあげようって。でも現実は違った」

つきあって1年の記念日に、さやかさんは大阪旅行に誘った。さやかさんは1か月前から休みももらわず、一生懸命、旅行のために働いた。京平君はX社でお金を使っていたから、さやかさんが全部お金を出そうと思って毎日働いていた。だが、それも全部無駄になってしまう。旅行前日、京平君はバーでナンパをしていた。X社の仲間が地元に来るからと、X社に勧誘する女の子を物色していた。

「私はそれを知っていたけど怒らなかった。器の小さい女だと思われたくなかったから。その夜、べろべろに酔っぱらった京平から電話が来た。バーの店員とX社のことでケンカをして、そのグチだった。私は黙って聞いていた。そして『今日なんの日？』って聞いたら『2年目記念日でしょ？』って」

京平君は2年つきあった元カノとさやかさんを間違えていた。そして大阪旅行のことも忘れていた。

「別れたほうがいい」「あいつ狂ってる」

「もう私ひとりの力では無理だった。どうしても周りの力が必要だと思ったから、京平の友達、ひとりひとりに頭を下げ『やめさせてほしい』とお願いした。感情が高まって泣いてしまった。『X社でしょ。マルチ商法だよね。京平に言っておくよ』と言ってくれたり、京平にX社がマルチ商法であることのウェブ記事のリンクを送ってくれた友達もいた。だけど京平は『この記事、間違ってるよ。マルチ商法って書いてあるけど、X社はマルチ商法じゃないよ』と真顔で私に言った。誰が何を言っても、そんな感じだった」

友達も「京平の好きにさせなよ」と匙（さじ）を投げはじめた。さやかさんは、いろんな人に「彼氏さんは末期」「別れたほうがいい」「あいつ狂ってる」と忠告され、自分ばかり突っ走っていくような気になっていく。

「とっくに私は恋人として見られていなかった。私のこともX社を一緒にがんばれる仲間かどうか、そういう目でしか見ていなかった。『さやかもX社すればいいのに』と誘われていたから。京平のノートを見たら、『X社をしてる、かわいい女とつきあう!』って丸印がしてあって一気に萎えた。でも、そのすぐ下に『おばあちゃんたちを大切にする』って書いてあって胸が苦しくなった。X社はこんな純粋な京平の気持ちを利用して、なんてひどいやつらなんだろうって。やっぱり京平を救いたかった。見放すことができなかった」

会えばいつもX社の話

さやかさんの想いとは裏腹に、京平君のハマり方はエスカレートした。

「X社製品だらけになっていた京平の部屋で、洗剤の実験を見せられた。X社のボトルにX社の洗剤を入れた水を一心不乱にシャカシャカ振っている京平に狂気を感じた。X社の浄水器の水を『これって普通の水?』って聞いただけで鬼のように怒られた。『どうしたらX社のことがみんなに良く伝わるかなー』って、X社の製品説明の練習につきあわされた。『俺が、なぜX社製品を買ったかというとー』『X社の製品はー』と、楽しそうにX社の話をし続けた。私は、もう何も言えなくなって、ただ目の前で泣くことしかできなかった。それでも京平は、『X社製品を使うと肌が綺麗になることを知ってほしいー』とか、ずっと話をし続けた。この人、誰なんだろう？　魔物が取り憑いているんじゃないかと思った」

さやかさんは京平君に飲むもの食べるものまで決められていた。トマトジュースを買ったら「それは悪い薬が入ってるんだ！」と怒鳴られ、一緒にコンビニに行くのも怖くなってしまった。デート中も居酒屋に行ってもX社の話をされた。

「X社ではなくて私を見てほしかった。かまってほしかった。でも京平の頭のなかはX社でいっぱいで、私のことなんて、これっぽっちもかまってくれなかった。どんどん目つきや表情がおかしくなっていった。寝顔まで険しかった。寝ながら泣いていることもあった。寝ながら泣いていることに、自分でも気づいてない。みんなにX社が伝わらなくてつらいんだと思う。X社をやめれば楽になれるのに。でも、私だってつらかった。私って京平のなんだろう。恋人？　物？　性欲処理機？　私も他のカップルみたいにデートしたかった。おいしいものを食べに行ったり、映画を見たり。優しく頭を撫でてくれたり、手を握り返してくれたり、抱きしめてくれたりすることは、もう何か月も前からなくなっていた。普通のカップルにはあたりまえなんだろうけど、私にとっては夢だった。X社をする前の京平に戻ってほしかった。でも、それも私のわがままなのかもしれない」

さやかさんのそんな葛藤をよそに、ある日、京平君は彼女に決定的な言葉を放った。

「子どもができたら堕ろしてほしいって。赤ちゃん出来ても困るからって」

僕は京平君がつきあいたての頃にさやかさんにプレゼントしたという、赤ちゃんのイラストが目に浮かんだ。

「その言葉がグサグサ身に染みて、それなのに、肌が綺麗になるから子どもが生まれたら6か月目からサプリを飲ませるって言ってて、もう、その矛盾に私はついていけない」

親を否定し、自分自身も否定する

京平君は身近な人のことを悪く言うようになっていた。まず、親をけなしはじめた。ものすごく親を大事にしていたのに。「親父はお金ないのにヒーヒーで家を建てローンで苦しんでいる。おふくろは病んでいる」。さやかさんが「家族のために家を建てるって、すごいことだよ」と言っても、聞く耳を持たなかった。

ドライブしているときだった。さやかさんに「おまえの親の金の使い方が悪いから、おまえの家の車は軽なんだ」とバカにした。さやかさんはブチ切れた。「よく彼女の親をバカにできるよね！　X社をしていて幸せ？　満足？　楽しい？　おまえなんかに、うちの家族をけなされてたまるか！」。そう言ってやりたかったけど、洗脳されているからと思って、グッとこらえたという。

「自分自身のことも、ものすごく否定するようになった。『そのままのあなたが好きよ』と言っても、『いや、違うんだ』って、なにかと否定したがる。『前の内気な俺は嫌だ』って。内気だったけど、とても優しさがある人だったのに。『俺はサラリーマンみたいに頭をペコペコする仕事は嫌だ』『労働収入は嫌だ』『権利収入がほしい』と口癖のように言ってる姿はダサく見えた」

地元ではなかなかX社の仲間ができないと悩んでいた京平君は、石井氏との関係が深まるにつれ、東京へのあこがれをつのらせていった。石井氏とは「いつ東京に来るの？」「○月までには」とラインでやりとりしていた。X社の勧誘やセミナーのために仕事をたびたび休んでいたことで会社をクビになると、京平君は東京へ引っ越した。

「いつ東京へ行くかも知らされなかった。『さよなら』さえ、言われなかった。東京でどうしているんだろう。借金してX社にお金をつぎこんで、引っ越し費用や東京での生活費もあるし、どうしているんだろうって」

もう、彼には何も届かない

東京へ引っ越した京平君に米やカップ麺やおかしを段ボールにつめこんで送ったが、さやかさんに京平君からの連絡はなかった。

「今さらだけど。仕事が嫌だったんなら、地元の友達が女たらしや嘘つきばかりで嫌だったんなら、他にも、何か不満があったんなら、ちゃんと話を聞いてあげればよかった」

後日、さやかさんから京平君のFacebookの投稿の写メが送られてきた。

京平君は、X社仲間と東京でシェアハウスをしていた。Facebookには X社仲間と出かけたり、セミナーに参加したり、パーティーをして肩を組んだり、酔っぱらって顔に落書きをされている写真がアップされていた。そこに映る笑顔は心から笑っているようには見えなかった。その場では笑わなければいけないから笑っているように見えた。僕には京平君が寂しそうに見えた。

助けられなくてごめんなさい——母親への手紙

さやかさんは、お母さんへ手紙を渡したという。僕もその手紙を見せてもらった。

京平君のお母さんへ

今までたくさんお世話になりました。このような形で京平君と別れることになって、とても残念です。

お母さんには、夜ごはんをごちそうしてもらったり、焼肉に呼んでもらったり、家まで毎回送ってもらったり、感謝でいっぱいです。

京平君がフィリピンに行くって言って、お母さん、お父さん、京平君が言い合いしているときに、私もちゃんと混ざって話すべきでした。私は京平君に嫌われたくなくてなにも言えませんでした。ごめんなさい。本当にすみませんでした。

私じゃ彼を助けることができませんでした。これが一番の後悔です。でも、諦めました。見放すことも愛のひとつだと、自分を納得させています。

ただ、京平君を責めないでください。彼も心が弱っているときに変な誘惑に引っかかって悪いのは全部あいつらなので。もちろんお父さんお母さんは悪くないです。私も京平君との未来を考えてお金もコツコツ貯めていたけど、彼の将来を奪ったあいつらがとてもにくいです。あいつらがとても嫌いです。おばあちゃん、おじいちゃんも不眠にさせて大っ嫌いです。

いつか京平君が目を覚ますといいな。いつもいつも毎日毎日、そう思って、神社に行ったり、悪ばらいしてもらったけど、思うだけじゃダメでした。けど思うことしかできなかった。今じゃ、まったく性格が変わって、あの頃の京平君はいないんだなって思ったら悲しいです。

とても人に優しかった京平君。今はウソなんて平気でつくし、思いやりを忘れ、ただの感情のない人間。はっきり言うと、彼を何度も何度も殺そうと思いました。こんなに平気で傷つけ泣かせて、いつもいつも悪い意味で突っ走って。

私の知っている彼は、いったいどこに行っちゃったんだろうって、毎晩眠る前に泣いて、朝起きたら彼がX社で失敗してやめて戻ってきてくれるんだって思っても現実はそうじゃない。ますます洗脳される一方。

彼は変なところでバカマジメ。自分は絶対できる！　皆に認められたいって強く思っているけど、その強い思いを利用しているやつらを完璧に信じ、それを見ているのがつらかった。

夢を見ること、目標を持つことは、たいへん良いことなのですが、彼は間違った方向に行ってしまった。X社にたくさんお金を使って、どんどん抜けられなくなって、最終的にはX社信者の家の近くに住むために実家を離れた。彼は病気ですね。こんなことは私も言いたくないです。

お父さんのところで働いていた仕事をやめ、また東京で仕事をはじめたけど、X社製品を買うお金が貯まらないと言ってやめた。どうして真面目に働くことができなかったんだろう。私は彼に何度も真面目に働いているあなたが好きだったよ。お金を持っていても幸せとは限らない。未来ばかり見ていて、今を大事にしないと未来を築けないと言っても聞く耳を持たない。一緒にいてもX社の同じ話ばかり。けど、優しかった頃の京平君を思い出したら、なかなか嫌いになれなかった。いろんな感情が出てきて、私自身、本当に死のうと思いました。

お母さんにひとつだけお願いがあるのですが、京平君が、もし洗脳から目覚めたときに渡してほしいものがあります。これだけは絶対渡してほしいです。中には手紙や写真が入っています。時間やお金をかけたのでお願いします。もし彼に彼女がいたとしても、その彼女のためにも渡してほしいです。京平君が、どれだけ傷つけてきたのか、それをわかってくれたら、今後、どれだけ人を大事にできるか、わかってくれると思うので。私も本気で愛していたので、今まで言えなかったことを手紙と写真でぶつけてみました。いつか目を覚ましますように。

お母さん、私はやっぱりさびしいです。私にとってお母さんは第二のお母さんでもあったので。お母さんも京平君のX社で疲れていると思いますが、自分を大事にしてくださいね。お母さんを見てると強いんだなってわかります。私もいつか、お母さんみたいな人になりたいです。

今まで本当に本当にありがとうございました。

さやかより

後日、手紙を読んだ京平君のお母さんから、さやかさんにメールが届いた。

「前の京平に戻ったとき！　必ず渡すからね！　悲しい思い、いろんな思いをさせてごめんね！　本当にごめんなさい！　洗脳されて東京に行った京平が情けない！　ほんと！　どうした‼　って言いたい。でも今の京平に言っても！　その声は届かないと思う！　お母さんはさやかちゃんを娘みたいに本当にかわいかった！　本当にかわいかった！　家族になりたかった！　今日一日考えてて！　さやかちゃんの幸せを思えば、京平を忘れて幸せになってねって早く言ってあげればよかったのかなとか、いろんなことを考えてる。ほんと！　悲しませてごめんね。そして、お母さんの支えになってくれてありがとう‼」

「お母さんとは、身近な人がマルチ商法にハマった者どうしでしか、わかりあえないものがあった。だから、お母さんとも別れてしまうのはつらかった」と、さやかさんは言った。

それ以来、さやかさんからの連絡は途絶えた。

京平君のその後

それから10か月後、さやかさんから近況を伝える連絡が来た。

さやかさんは京平君の友達から、京平君がX社をやめたらしいと聞いた。今は、他のマルチ商法？　情報商材？　仮想通貨？　何か怪しげなものに手を出しているらしい。聞いた話なので、本当のところはわからないという。

「京平のＳＮＳどう思う？」と言われ、僕は、ひさしぶりに京平君のＳＮＳを覗いてみた。アイコンは石井氏と肩を組んでいる写真だった。フォローしているのも、８割がたX社仲間や怪しいビジネスの関係者のアカウントだった。最新のツイートにはこう書いてあった。

家族や地元の友達に、めっちゃ会いたい。今年中には自由な大人になってるから、まだ我慢！　自分に厳しく、そして、人に優しく。

京平君は自由になれるのだろうか。

5　唯さんと友人たち

２０１９年６月

マルチ商法は決して他人事ではない

ここまでの４つのエピソードを読んでも、「マルチ商法にハマっている人に出会ったことはあるけど、家族でも知り合いでもないし……。自分には関係ないかな……」。やはり、そう感じてしまう人も多いだろう。

たしかにマルチ商法にハマっている人のことを聞いても、自分にとって大切な人がハマっているわけでもなければ、「その人の自由だからいいんじゃない」と思う気持ちはわかる。ハマっていることを良いとは言えないが、そもそも他人である。深入りしなければそれで済む。

だが、知らないあいだに身近な人や自分がマルチ商法に巻き込まれていたとしたらどうだろうか？　それも自分の人生が左右されるぐらい。言いかたは悪くなるが、「マルチ商法なんて頭や心の弱い人が巻き込まれるものだ、自分とは縁遠いところの話だろう」、まだまだそう思っている人が多いはずだ。だがマルチ商法は思わぬところから私たちの生活に侵入してくる。そして侵入してくることに気づくことは難しい。

「友人がマルチ商法の勧誘を受けて、ひどく色々な面で傷ついて憔悴しています。話をさせてもらえませんか？」

福岡で働いている彩美さん（仮名）からＤＭが届いたのは２０１９年の４月。大学時代からの親友、東京の食品メーカーで働いている唯さん（仮名）のことだった。

話を聞くと、唯さんはマルチ商法の勧誘が原因で結婚を前提に交際していた恋人と別れたという。もう１年が過ぎたが、いまだに元気がない唯さんを、彩美さんはとても心配していた。やりとりからも彩美さんの唯さんを想う気持ちと、マルチ商法への怒りが伝わってきた。いったい勧誘されただけでここまで唯さんが憔悴しているのはなぜなのか？

僕は、ゴールデンウィーク明けに出張で東京に来るという彩美さんに、会って話を聞かせてもらうことにした。

2019年5月　表参道のカフェ

ツイッターでのやりとりで感じていたとおり、表参道のカフェに現れた彩美さんは、とても礼儀正しく気遣いのある女性だった。きっと唯さんも同じようなタイプなのだろう。

「ゴールデンウィークは唯と海外旅行に行きました。唯は明るく気丈に振る舞っていましたが、ときどき考え込んだり、何かを思い出して目に涙を浮かべて黙っていることもありました」

恋人との別れにマルチ商法が絡んでいたことを彩美さんが聞かされたのは、つい最近のことだった。

「思わず『早く話してくれればよかったのに』って言うと、唯は『話さなかったんじゃなくて話せなかった』って言いました。ずっと混乱していて自分に何が起きていたのか、ずっと状況を飲み込めずにいたって。私も唯の恋のはじまりから別れに至るまで、ずっとマルチ商法が絡んでいたなんて考えたこともなかったので、話を聞いたときは動揺しました」

そして唯さんに起きたことを、彩美さんは僕に語ってくれた。それはまるで唯さん本人が話しているかのようだった。なので、ここからは唯さんが話していると思って読み進めてもらいたい。

2017年10月　フリーアナウンサー美波を紹介される

「ダイビングが趣味で水中写真を撮りたいと思ったんです。それでカメラを買いました。せっかくだから同じ趣味の友人がほしくて、知り合いの男性に相談したら、紹介されたのが美波という女性フリーアナウンサーでした」

唯さんが美波にラインで挨拶すると、すぐに返信がきた。

「ずいぶん調子がいいなというのが第一印象でした。そのときは人前に出る仕事をしているから、普段もテンションが高いのかな〜って。食事に誘われて会えるのを楽しみにしていました」

だが予定をあわせるものの美波からのドタキャンが続く。

「ドタキャンされても忙しい人なんだとしか思いませんでしたね。ようやく会って食事をしたときは、お互い花が好きという話で盛りあがりました。そのうち恋愛の話になり、『彼氏いないの？』『なんで？』と聞かれ、『いい人がいたら』と答えていたら、『唯ちゃんに紹介したいカメラ男子がいる！　彼、絶対唯ちゃんみたいな人が好きだから！』と会うことを勧められました」

2017年11月　美波に彼を紹介される

後日、唯さん、美波、カメラ男子の田中（仮名）、その同僚の4人で飲み会が開かれた。田中はカメラの商品開発を仕事にしていた。

「彼（田中）は私を気に入ってくれて。ほうっておいても、『どこどこに行ってきたらすごくよかった！』みたいなラインが送られてきました。同じ町にある大学に通っていたこと、同じバンドが好きなことなど、共通点が多かったので話しやすかったんです。一緒に新宿御苑に紅葉を観に行ったり、カメラをていねいに教えてくれたり、波長があって居心地がよかった。もう30歳で、親が高齢なのもあって、時間を無駄にしたくなくて。次につきあう男性と結婚したいと思っていたんです。そのことを彼に伝えたらわかったと言ってくれました」

それからしばらくのあいだ、唯さんと彼は幸せな時期を過ごしていた。

2017年11月〜　美波に覚えた違和感

一方で、唯さんのもとには美波から「どう？　彼とうまくいってる？」と毎日のようにラインが届いていた。ふたりの仲がうまくいくように気をつかってくれている、そう思っていたという。

「だけど美波には違和感を覚えることがたくさんありました。自分から誘っておいて、時間に遅れてきたりドタキャンしたり。会っているときはノリがいいけど、どこか心ここにあらずというような。たとえば土曜の昼にお茶しようと誘われて、お茶のあとにも何かあるかなと、午後の予定を空けておくじゃないですか？　でも、早々に切りあげて忙しそうに次の予定に出かけていくんです。そのたびに、私は取り残されたような気になりました」

さらに美波から、自分の男性関係とお金を話題にしたラインばかり届くようになる。

「総務省で働いている恋人がいながら3股を楽しんでいることや、元彼からの『美波たん？　最近気になってしまって』というラインのスクショとか、自分の男事情ばかり伝えてくるんです。あとは父親が年収1600万だったとか、絶対に年収4桁の男をつかまえるとか。今まで私にはそういう友達がいなかったから驚きました」

彼を紹介してくれた手前、唯さんは美波のラインや誘いは無視できなかった。ある日、お茶をしているとき、美波が目の前でサプリを飲みだした。

「サプリのケースを見て『あ、X社だ。マルチだ』と思いました。私は高校の後輩に誘われて渋谷のタワマンで開かれたX社のパーティーに行ってしまった苦い経験がありました。だけど『美波は誰かから買ってるだけかな』ぐらいにしか思わなくて。それまで美波からX社の話をされたこともなかったし。恋愛中の私には、美波に違和感は覚えても、たいして気に留めることではなかったんです」

2018年4月　「すてきな女性」を紹介される

「い～っぱい、いろんな人に会って視野を広げたほうがいいよ」。そう美波から言われたのは、ちょうど唯さんが彼の態度に不信感を覚え、関係がぎくしゃくしはじめたときだった。

『渚さんていう、経済的にも精神的にも自立していて、すてきな女性がいるの！』と。それまでもメイク教室や料理教室に誘われていたけど予定があわないと断っていました。具体的に誰かに会わない？　と誘われたのは、このときがはじめてでした」

美波と同様に渚もよく待ちあわせに遅れてきたが、渚に悪印象を持たなかったのは、いつも、唯さんのためにいい情報を伝えたいというスタンスだったからだという。

「渚さんから、体育大学を卒業して派遣社員をしている栄養に詳しい女の子の話を聞けると言われ、『うれしいです〜。じゃあ行きます〜』と、そのセミナーに行ってしまいました。渋谷のカフェで、身体はどういうふうにできているか、植物性タンパク質が身体をつくる、動物性タンパク質が筋肉をつくるということを聞かされました。結局タンパク質が大事という話に落ち、良質なタンパク質を摂るためには、質の高い本物のプロテインを飲まなければという話につながって。それを聞いているうちに、これはX社なのかな〜と気づきはじめたんです」

唯さんは、そのセミナー会場で、美波がX社のサプリを飲んでいたことを思い出していた。美波のインスタによくあがっているホームパーティーをしている写真、水をたくさん飲んでいることをアピールする写真、もしかしてすべてX社なのかなと。そういえば美波のインスタが「ビジネスが〜」「美容！　健康！」というマルチ商法を連想させることを思い出し、美波とマルチ商法がつながったという。

「そのセミナーに行くまで、美波がX社をしているとは気づきませんでした。ずっと私のために親身になってくれるいい人だとばかり。製品を勧めてくることも、誘われることもなかったので、製品を買っているだけだと思っていたんです」

数日後、渚は唯さんとランチをするために、わざわざ唯さんの職場の近くまでやってきた。「今の日本はこんな感じでね、将来に備えておかないとたいへんなことになるんだよ。人生１００年時代に、何が大事だと思う？　健康で未病でいることだよ。そのためにはどうすればいいと思う？　情報だよ。質の高い正しい情報を仕入れることだよ」と延々と紙に書いて説明されたという。唯さんは、これはマルチだと思いながらも、渚の話のうまさに、つい引き込まれそうになっていた。彼との関係が悪くなり不安でいっぱいだった唯さんは、マルチとはいえ親身に接してくれる渚に頼りたい気持ちもあったのだ。

ある日の朝、唯さんに彼から「別れたほうがいいと思う」というラインが送られてきた。

渚を紹介されたのは、ちょうどそのタイミングだった。

「別れを切り出された原因は、私が彼の浮気を問い詰めたからです。『唯ちゃんの気持ちの起伏についていけない』と言われて、それから彼との関係はおかしくなりました。いつも『海外駐在になったら絶対連れて行きたい』とか『実家に泊まりに来ない？』と言われて、お姉さんや地元の友達にも、私のことを話してくれていました。それなのにラインひとつで、ふたりの関係を終わらせようとする、そんな彼の行動のほうが気持ちの起伏が激しくて怖いと思いました。それが気になりながらも、好きだからつきあいを続けていました。でも、いろいろかみあわなくなってしまいました」

彼と美波の深い絆

彼と美波のつきあいは5年程度になる。実は唯さんを紹介する前にも、彼にいろんな女性を紹介していた、そう唯さんは美波から聞かされた。

「美波が『関係を持ったし女性のほうはつきあうつもりだけどどうするの？』と聞くと、彼と連絡が取れなくなることが何度かあったそうです。だけど、私には真面目に接してくれていたし、愛されていると感じていたから、彼のことを信じきっていました」

交際期間中に彼から美波の話をされることはなかったという。

「彼から話題に出すことはないんですが、彼の美波への信頼の深さは感じていました。彼は良くも悪くも素直で騙されやすいところがありました。つきあいはじめた頃『なんで俺、こんなに女を見る目がないんだろう』とボソッとつぶやいていたのが忘れられないんです。彼は自分に好意を持って接してくれる人に弱いんです。彼にとっては、美波も、いつも自分によくしてくれて、アナウンサーの仕事もがんばっている。だから応援したい存在だったのかもしれません」

僕は、X社の集まりに誘いを受けていることを彼に相談できなかったのかと聞いた。

「美波のことを悪く言ったら、私と彼との関係が悪くなるんじゃないか？　そう考えると怖くて相談できませんでした。それに彼に相談しても、それを彼が信じるとは思えなかった。それだけ彼と美波の絆は深いと感じていたんです。一度、彼に『美波、３股してるんだって』とサラッと言ったら、そのとき彼は苦笑いをしていました」

「正しい情報を持つ人とつきあわなきゃ！」

唯さんの話を聞きながら、僕は美波は唯さんと彼がうまくいかなくなるタイミングを待っていたんだろうと感じていた。美波は彼の性格を熟知していて、いずれこうなるだろうということを見越していたと。そして、そのタイミングで知人の渚を紹介し、X社へ引きずり込もうとしたのではないか。

「『なんとか彼との関係を修復したい』と悩む私に、美波は『唯ちゃんが、今のままでいたらだめなんだよ！』『唯ちゃんが変わるときかもしれないね！』『相手は変えられないけど自分は変えられるから！』と毎日のようにたたみかけてきました」

美波との関係が悪くなったら、彼とも関係が悪くなってしまう。高齢の親にも結婚前提に交際している恋人がいると伝えていた。唯さんは美波と関係を続けるしかなかった。そのうち、言われるがままに「私、変わらなきゃ……」と素直に思い込んでいってしまった。美波が言うように、彼とうまくいかないのは、自分に原因があって、仕事も環境も変えて自立した女性にならなければ、と。

「唯ちゃんが変わるためには正しい情報を持つ必要があって、正しい情報を持つ人とつきあわなきゃいけないんだよ！　渚さんや、他にもすごくすてきな人がいる。そういう人たちに会えばすごいためになるよ！　私も勉強中だから一緒にがんばろう！」

そんなふうに美波に言われ続ける毎日がはじまった。それからX社の集まりに本格的に誘われることになる。美波と知りあい、こうして勧誘がはじまるまで半年が経っていた。しかし、それでも美波からも渚からも、X社の社名が出てくることはなかったので、唯さんは自分が勧誘されていることがわからなかった。

「渚さんは『話を聞いてあげるよ』と、いつも優しく接してくれました。私は誰かに頼りたかったんです。いつのまにか渚さんに悩みを打ち明けていました。ここでも言われたことは『変わらなきゃ！』だった。『こうすれば外見が変わるよ！』『もっときれいになろう！』とメイクレッスンに呼ばれました。誘われた勉強会に行ってみると『健康が大事！』『今の時代、何が必要で、何が大切か』という話をされ、セミナーではX社特有のダイナミックな映像が流れてきて、そのへんから『ああX社だな』と確信を持ちつつも、『彼との関係をよくするには自分もX社をしなくてはいけないのかな』という気持ちになっていました。彼との関係がこじれにこじれ、恐怖と不安でいっぱいだった私は、X社でもいいから縋(すが)りたいという心情だったんです」

彼との関係の終わり

唯さんは、自分が変わらなきゃいけないと、彼に謝り続けていた。しかし飲み会があるとか寝ていたことを理由に彼からは遠ざけられていた。それでも7月に、ひまわりの写真を撮りに行く約束をした。だが、前日に「唯ちゃんとは前向きな関係を築ける気がしない」とラインが来た。

「彼から『俺たちふたりのことを美波に相談しないでほしい』と言われたんです。相談じゃなくて、私は美波に聞かれたから話しただけなのに。それで何かおかしいと思いました。美波が何か余計なことをしているのではないかって」

唯さんが問い詰めると、美波はずっと彼と連絡をしていたと明かし、彼とのラインのやりとりのスクショを見せてきた。それを見て唯さんは「こんなことしたら、私と彼がこじれるじゃないですか！」と怒ったが、暖簾(のれん)に腕押しだったという。

「美波からは、『忘れようよ！　いい大人なんだから、もう忘れようよ！』と軽く言われ、あいかわらず『自立しなきゃ！　変わらなきゃ！』と。そこでようやく、さんざん私の恋愛をこじらせといてなんだこれは？　と思いはじめたんです」

彼と別れてからも美波と渚からのラインは途切れなかった。彼と別れたことで、ようやくふたりとも縁を切る決心がついたが、あまりにしつこいため逃げ切れなかった。唯さんは仕事をやめて地元に帰ると嘘をついた。それでようやく、ふたりからの誘いが来なくなった。

僕は、この出来事を誰かに相談しなかったんですか？　と聞いた。唯さんは「どう相談していいかわからなかったし、うまく説明することもできませんでした」。そして「そういうつらい状況にあったことを、いち早く彼に気づいてほしかった」と言った。

1年半以上、勧誘されていたという事実

その後、唯さんは転職し、今は別の食品メーカーで企画の仕事をしている。新しい会社で、がんばって仕事に打ち込んでいるうちに、彼のことを忘れていけたらという気持ちも

あった。

「だけど別れかたに納得がいかなくて。そんなに私のことが嫌いになるのってなんでだろうって。忘れよう忘れようと思っても、何か辻褄（つじつま）があわないんです。仕事の日も休みの日も『なぜ？』という問いが頭のなかをめぐり、私は途方もなく疲れてしまいました。朝起きて会社に行って帰ってきて寝るだけで精一杯で。どうしても、いっしょに好きなバンドのライブに行ったこととか、すごく仲が良かったことが頭をよぎって。なんでこんなふうになってしまったんだろう？　彼が私に嘘をついて女性に会っていたことを除けば、すごくいい時間だったのに。そうした気持ちを伝えつつ、『やり直せないかな？』とラインをしました。既読がつきましたが返事はありませんでした」

そうしたなか美波から「最近どうなの？　結婚するの？」と、まるで天気の話でもするかのようにラインが送られてきた。「いまだに彼とのことが整理がついていない」と返すと、即座に「そんなに気にする必要ないんじゃないの？」と返信が来たという。

「そのあとに『年収4桁の男性を探していて、そんな彼を支えてあげられる自立した女性になりたい』といつもと同じ話をしてきました。いったい美波は、何が目的で私にラインしてくるんだろうって。いつも上から目線で、私をバカにしたような言いかたをしてくる。私は美波とも彼とも誠実に人間関係を築いてきたつもりだった。それなのに美波にいろいろやられて、彼とこんなことになってしまって、なんでなんだろう。私、なんなんだろうって」

それから唯さんは、自然とツイッターでX社のことを検索するようになっていたという。やはりX社のことが引っかかっていた。そこではじめてX社被害のことを知る。自分の状況と照らしあわせ、今まで腑に落ちなかったことが、X社につながった。

「ひとつひとつの出来事を振り返ると、あれ？　みたいな。私に接触してきたのも、私に彼を紹介したのも、X社？　全部X社への勧誘が目的？　すべてが一本の線でつながったんです。私は1年半ものあいだ、X社の勧誘にあっていたのか。しかもそれがX社とは一言も言われずに。この事実を受け入れるまで、本当に本当に時間がかかりました」

2019年5月　ふたたび表参道のカフェ

これが彩美さんが僕に話してくれた唯さんの勧誘体験談だった。

「唯の話を聞いて、すぐに彼にインスタでメッセージを送りました。唯が美波にX社の勧誘を受けていたこと。唯は彼との関係が悪くなるのが怖くて、美波と距離をおけなかったこと。ずっと板挟みになって苦しんでいたことを」

だが、彼からの返信は「美波はX社をしていないと思います。いろんな噂があっても何が真実かわかりません」。それだけだった。

「モヤモヤがおさまらないんです。ずっと唯は苦しんでいたのに、美波も彼も唯を傷つけた自覚がない。ひとりで苦しんでいた唯。わからないで済ませる彼、いまだにX社の勧誘をしようと探りのラインをしてくる美波。どれだけ唯がふたりに気をつかってきたか。どういう気持ちでいたか。せめて彼には、本当のことを知ろうとしてほしい」

僕は「美波は唯さんの性格や心情をよく読んでいたのでは?」と聞くと、彩美さんは「そうだと思います」と力強く言った。

「唯は根が真面目で、人を傷つけるようなことをしません。唯がX社の勧誘を受けていることを、彼にはもちろん、誰にも言わないだろうことを見越していたと思います」

彩美さんから、ゴールデンウィーク中に撮った唯さんとの写真を見せてもらった。僕は、もし唯さんがフリーアナウンサーだったら、美波より人気が出るだろうなと思った。そして唯さんのような女性がマルチ商法をしていたら、こんな美人がX社をしてるんだよという広告塔になるだろうと。美波や渚は唯さんを何としてでも仲間にしたかったはずだ。

「私はX社や美波に非があると言いたいんじゃないんです。マルチ商法が誰かの人生をかんたんに左右してしまう、それに巻き込まれて苦しむ人がいる。正直、私や唯のように普通に生活している人が、マルチ商法に巻き込まれて被害に遭うなんて思っていませんでした。私は唯の話を聞いてショックを受けたんです」

唯さんはマルチ商法にハマったわけではない。製品を買い込んでしまうこともなかった。そういう意味での被害はなかったものの、ひとりの女性として大切にしたかったであろう恋人との関係性や貴重な時間を奪われてしまった。そこにマルチ商法の勧誘が関係していたとは気づかずに。

彩美さんと別れ、帰りの湘南新宿ラインの車内で、僕は考えていた。唯さんの心情を、ときに涙を浮かべたり悔しそうな表情を見せて話してくれた彩美さんのことを。「自分がマルチ商法に勧誘されていたのは何年も前のことだけど、いまだに悔しくて眠れないんです」。そう僕に話してくれる人もいる。「マルチに引っかかるなんて頭弱いんじゃないの?」。ほとんどの人はそう思うだろう。そんなマルチ商法の被害に自分が遭ってしまった。それを認めることは受け入れがたい。それゆえ人に話せない。しかしその屈辱を忘れることもできない。

美波もはじめは勧誘される立場だったはずだ。もしかしたらそのときに唯さんと同じように嫌な思いをしたかもしれない。だが今では美波は勧誘側となり加害者になっている。マルチ商法の被害と加害は連鎖している。その連鎖を断ち切るためにはどうすればいいのだろう。

なぜ美波はX社信者になったのだろうか? 唯さんは美波のことを「いつもノリがよい。立ち回りがうまい。でも心のうちは見せない。結局何を考えているのか最後までわからなかった」と話していたという。

人前に出る仕事をし、地位も経済力もある男性と交際していながら、3股をかけている。たくさんの人に認められたいという承認欲求と自己肯定感、そして自分より容姿が優れている唯さんを支配下に置くことに快感を覚えていたのではないか。X社とは、美波にとって、すべてを満たしてくれるものだったのかもしれない。

僕が聞いてきたのは被害者の声ばかりだ。それだけではマルチ商法の全貌はつかめない。マルチ商法をしている人たちは何を考えているのか。なかなか彼らの本音を聞ける機会に恵まれないが、いつか彼らの声にも耳を傾けたいと思っている。なぜなら、被害者と加害者の双方の声を聞くこと、そこに、この問題の解決の糸口があるように感じるからだ。

マルチ商法の報酬プランについて

「マルチ商法なんて稼げないよ」といくら言っても、どうしてマルチ商法に励んでいる人は、これをがんばれば稼げるという希望に満ちているのだろう？　そう疑問を感じたことのある人も多いのではないか。僕もそのひとりだった。ときに彼らには絶対に稼げるという確信があるように感じられる。では、その確信はどこから来ているものなのだろうか？

その疑問を解く鍵のひとつはマルチ商法の報酬プランにある。というのも、一般的に理解されているマルチ商法の報酬プランと、マルチ商法会員が理解している報酬プランはずいぶん違ったものであることに僕は調査をするなかで気づいたからだ。

では、その違いはどのようなものか？　マルチ商法は各企業ごとに独自の報酬プランが作られているので、細かなところまで説明すると長くなってしまう。ここではできるだけ簡単に説明していきたい。

たとえば公共機関などでは、マルチ商法の注意喚起として報酬プランを次のように説明している。

商品を販売しながら会員を勧誘するとリベートが得られるとして、消費者を販売員にして、会員を増やしながら商品を販売していく商法。

＊出典・警視庁ホームページ

これを図にすると下のようになる。

よく引き合いに出されるピラミッド型の報酬プランだ。マルチ商法というとこのような図をイメージする人も多いだろう。この仕組みの場合、「ひとりの会員がふたりずつ新規会員を加入させた」と仮定すると、28世代目では日本の総人口を上回る計算になる。これでは稼ぐのが難しいこと、先にはじめた人だけが利益を得ることは想像がつきやすい。マルチ商法が稼げないよと言われる所以でもあるだろう。

それなのに、マルチ商法に励む彼らは、なぜ稼げると信じて活動しているのだろうか？　それは、彼らが理解している報酬プランは一般的に知られているもの

図1・ピラミッド型報酬プラン

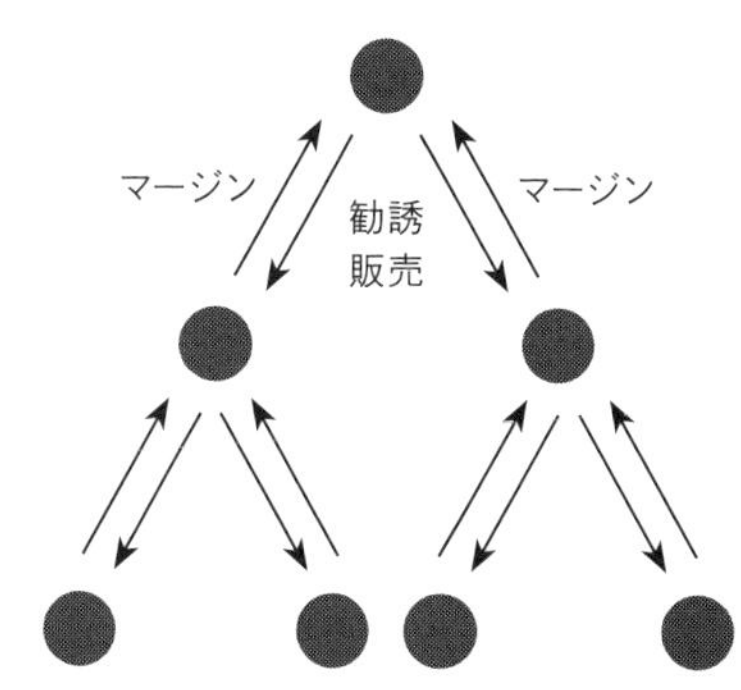

とは違っているからだ。それゆえ彼らは、自分たちのビジネスは先勝ち後負けのマルチ商法ではないし、誰にでも平等にチャンスがあると主張する。

では、彼らが理解している報酬プランを説明したい。

どのマルチ商法も、基本的には図1で説明した報酬プランをベースに後述する「ステアステップ」と呼ばれるシステムを採用している。それに加えて各マルチ商法企業は独自の報酬プランを設けているが、その仕組みはどれも複雑で、すぐには理解しきれない。説明を聞いただけでは「たしかにピラミッド型の先にはじめた人が絶対的に有利なものとは違い、後からはじめてもチャンスはあるかも」と思ってしまうのも無理はない。

マルチ商法の報酬プランはさまざまだが、有名なものに「ブレイクアウェイ」「バイナリー」「ユニレベル」の通称で呼ばれるものがある。どのマルチ商法も、基本はだいたい「ステアステップ」と、これらのどれかを組み合わせて報酬プランが作られている。そのどれを選ぶかは、成績優秀な会員には特別にボーナスを多くしたいなど、マルチ企業側の目的によって変わってくる。ここではまず「ステアステップ」について、次に代表的な「ブレイクアウェイ」について説明し、マルチ商法の報酬プランへの理解を深めてもらいたい。

・ステアステップ

ステアステップはマルチ商法企業が提供する商品を会員が低価格で仕入れて定価で販売するやり方であり、差額の利益を会員の収入とするシステムだ。しかし図のように、低い地位の会員は得た利益の一部を高い地位の会員に分配しなくてはならない。

グループ全体の売上が高いと、商品の販売とは別に報酬が発生し、売上成績と地位に応じて会員に分配される。また自分のグループが大きくなると、成績に応じてリーダー（メンバーも）はタイトルを獲得し、高い地位を保持するほど、配当される利益のパーセンテージは大きくなる。低い地位の会員へも報酬は分配されるが、余剰分は高い地位のタイトルを持つ会員に割り当てられる。

高い地位になるほど多く配当を得られるシステムだ

図2・ステアステップ

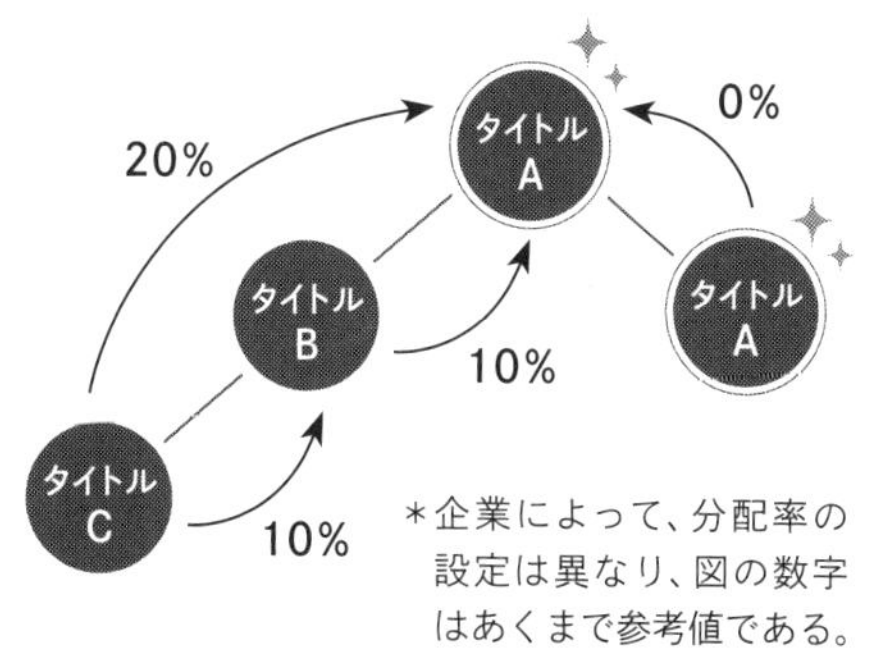

＊企業によって、分配率の設定は異なり、図の数字はあくまで参考値である。

ステアステップでは高い地位のタイトルを持つ会員ほど、配当される利益の割合が大きくなる。ここではタイトルＣの人の得た利益のうち、20％がＡに、10％がＢに分配される。またタイトルＢの人の得た利益の10％がＡに分配される。
同じタイトルの会員間では、報酬は発生しない。

が、このステアステップでは、グループ内に自分と同等以上のタイトルを持つ会員が現れると、その会員（のグループ）からの報酬（配分）は得られなくなる。そのため、ステアステップは次に説明するブレイクアウェイなどのプランと組み合わされることが通常である。

・ブレイクアウェイ

ブレイクアウェイを採用している企業を挙げてみると知名度の高い企業が多い。最も一般的に使われているマルチ商法の報酬プランである。ブレイクアウェイの特徴は、会員の作るグループが拡大し、グループの売上が大きくなり、その中に一定の基準を満たす成績を上げた会員が現れた場合、その会員の持つグループは新たに別のものとして切り離され、独立（ブレイクアウェイ）することにある。下位会員を独立させることで、上位会員にボーナス報酬が入る仕組みになっている。

これは自分の下位会員であるグループの会員を育て上げ、次々独立させれば、大きな収入が期待できるということでもある。とても夢のある報酬プランに見えるかもしれないが、タイトルを獲得したり、タイトルを維持するためのノルマは過酷なことが多い。たとえば「このタイトルを維持するためにはグループで月１００万円の売上を維持し続けなければならない」というように。そのため上位会員は下位会員へ商品の買い込みをするように圧をかけるという事態が発生しやすい。

このように、一般的に知られているピラミッド型のマルチ商法の報酬プランに、ブレイクアウェイのようなボーナスの仕組みがプラスされることが多いのが通常のマルチ商法だ。それは一見努力した人ほど報われるように思えるし、勧誘のときにはそう説明されるだろう。「がんばった人ほど報われる仕組みなんだよ」「後からはじめても上位会員を追い越すことができるんだよ」と。

ところが、よく見てみると下位会員ががんばった分は上位会員にマージンやボーナスが入る仕組みになっている。こうしたマルチ商法の報酬プランで本当に上位会員を追い越すことが可能なのだろうか。長く続いているマルチ商法の上位会員の顔ぶれは、10年前、さらには20年前と比べてみてもあまり変わっていない。このことはマルチ商法が、先にはじめて地位を築いた上位会員に有利であることを裏付けているように思え

図3・ブレイクアウェイ

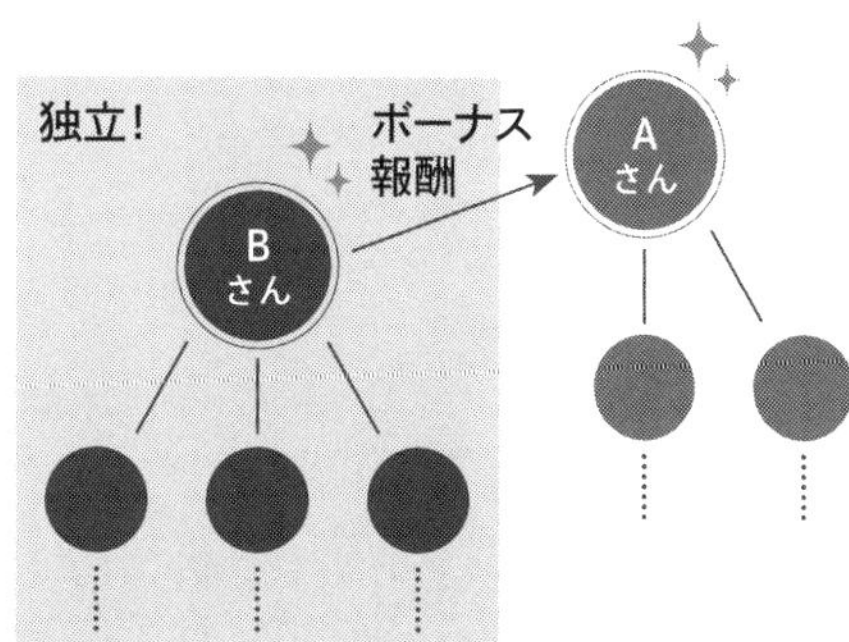

Aさんと Bさんが一定以上のタイトルで肩を並べると、Aさんには、Bさんから先の会員組織の分については還元率の差の分で得られる報酬が発生しなくなる。Bさんは Aさんから独立（ブレイクアウェイ）し、Aさんには、育成保障などと呼ばれる別の体系の報酬が発生する。
独立する会員の数が増えると、報酬は大きく増加する。

る。

さらにこの仕組みは稼げないというだけの問題に収まらない。上位会員のタイトル維持やグループの成績がボーナス報酬査定に大きな影響を与えるということは、そのグループリーダーとなる上位会員の影響力が増大してしまう危険性を孕(はら)んでいる。上位会員と下位会員の主従関係が生まれやすくなり、それがマルチ商法でたびたび指摘される、下位会員の製品買い込みにつながっていく。

マルチ商法の報酬プランは、誰にでも成功するチャンスがあるように説明されたとしても、やはり上位会員に利益が集中するシステムだといえるだろう。もしマルチ商法に勧誘され報酬プランを説明されることがあれば、立ち止まって考えてほしい。「がんばれば誰でも稼げる」という夢のようなビジネスなどないことを。

第4章

マルチ商法と社会の闇

みんな当事者であることに気づかない

ここまで紹介した、僕と僕のもとに寄せられたエピソードは、ごく一部でしかない。マルチ商法にハマっているという話はそこらじゅうに転がっている。僕たちの気づかないところで、身近な人が、知り合いが、あるいは知り合いの知り合いが、エピソードで紹介したようなマルチ商法のことで問題を抱えているかもしれない。そのことは隠されているわけではない。僕たちが、そこに意識を向けることがなかっただけにすぎない。

この章では、なぜ、そこに意識を向けることができなかったのかを考えていきたい。そして、マルチ商法の問題が、他人事(ひとごと)ではなく、誰もが関係している、社会の問題であることを感じてもらいたい。

ここまでのエピソードでも繰り返し語ってきたが、だいたいの人はマルチ商法のことを、こう思ってしまうだろう。「買うだけなら大丈夫じゃない？」「モノはいいよね」「知り合いがやっているけど勧誘されてるわけじゃないから」と。だが、ハマっているように見えないだけで、ガッツリとハマっていることはめずらしくない。

たとえば、子どもの頃から親がやっている、ずいぶん前から奥さんがやっているという人がいる。家族がマルチ商法の活動に没頭していても、「ちょっと変だけど、もともとそういう人だからと、どこか冷めて割り切っていたりする。「もともと、そういう人だっけ？」という疑問が頭を巡ることもあるが、深く考えず、すぐに疑問を打ち消してしまう。そうして、その人もマルチ商法のことに触れないように、やり過ごしていることがある。

一方で、家族がうまくいかない、生きづらいのはどうしてだろうというジレンマも抱えている。そういう人は、本人も気づいていないが、家族がマルチ商法をしていることが直接の原因になっているかもしれない。しかしマルチ商法が日常に深く根付いていると、そこに気づくのはむずかしい。特に子どもだと、小さな頃から、親から伝わるマルチ商法の価値観になじんでしまい、毎日の暮らしのなかで使っている製品、家に出入りする親の人間関係など、あらゆることがマルチ商法中心になっている。すると、「そもそもマルチ商法がおかしいのでは？」と考えてしまうことは、何か自分の人生が根本から間違っているような気になってしまわないだろうか。マルチ商法を否定することは、マルチ商法とともにあった自身の人生を根本から問い直すことになってしまいかねないと。それは、その人に大きな精神的負荷がかかる。そのためマルチ商法に原因があると認められない。つまり自身がマルチ商法の当事者になっていると気づくことすらできない。

若者だけではない、金欲しさだけでもない

ある土曜日の夕方、渋谷の某喫茶店（誰でも知っているようなチェーン店）で珈琲を飲んでいたら、隣の席で、初期投資ウン十万円のマルチ商法の契約のやりとりが行われていた。やや甲高い声で「稼げる！」とオウムのように繰り返しながら、「失敗したら自己責任」と、さりげなくまじえ、契約書を広げて説明する若い男。2時間ぐらいのあいだに、入れ替わり立ち替わり、勧誘者に連れられた若者がやってきては契約を結んで去っていく。

このように、明らかに若者をターゲットにし、稼げることをアピールするものもあるが、「若者が金欲しさに手を出す」というマルチ商法へ抱くイメージは、マルチ商法の一面で

しかないことは強く言っておきたい。特に日用品、美容、健康食品といったように、製品群を揃えているマルチ商法になると会員の年齢層には広がりがある。

実際に、とある大手マルチ商法の会員データを見てみると、20代の会員は2割しかいない。30代以上が8割を超え、その8割のなかでも50代以上が4割を占めている。さらに性別を見ると7割以上が女性である。日用品、美容、健康食品などの製品を扱っているマルチ商法は、だいたい似たような会員分布になっている。

こうしたデータや、僕が行ってきたインタビューをはじめとする調査から見えてくるのは、ハマるのは若者だけではないし、金欲しさだけが理由ではないということだ。よく考えてみれば、そうした製品を購入するのは、若者よりも、家庭の主婦であろうことを想像するのはたやすいはず。それなのに、僕たちはマルチ商法というと、なぜか若者がハマるものという想像を、まず先にしてしまいがちだ。行政がマルチ商法の注意喚起をするときも、まずは若者に対象が向けられる。それが、マルチ商法といえば若者がハマるものという固定観念を生みだしていないだろうか。

そんなことを書いている僕も、そうした固定観念を拭えずにいた。元妻がハマっていたにもかかわらず、「マルチ商法と言われているけど、これはマルチ商法ではないのかもしれない」「いい大人がマルチ商法にハマるわけがないし」と無意識に現実を見ることを避けていた。

年齢と性別のほかにも、さらに細かく属性を見ていけば職業や経済環境などさまざまな人がいるはずだ。つまりマルチ商法にハマる人は決して一色ではない。とすると「相手に合わせて勧誘のしかたも変えているのではないか？」という推測も立てられる。つまり、渋谷の某喫茶店で僕が遭遇したのは社会経験の浅い若者向けの勧誘になるが、それがたとえば社会経験もそれなりにある40代の専業主婦相手になれば、勧誘者のアプローチも変わってくるはずではないか。

勧誘の多くは渋谷の喫茶店のような公衆の面前では行われていない。ここまで本書で書いてきたように、マルチ商法とは明かさずに何度も会ったり、ラインをしてコミュニケーションを取りながら、当人以外の目に触れないところで人間関係を築いていく、そうした巧妙な勧誘も数多く行われている。本来ならば、「はじめに」のあとでも書いたように、勧誘目的であることを隠してマルチ商法に勧誘することは特商法に違反しているにもかかわらず。だが、一般的な注意喚起は、若者に向けて「儲かる話には注意しましょう」と呼びかけるものばかりだ。

僕は、この5、6年のあいだに、ツイッター上でも、リアルに会った人にも、「マルチ商法なんて古いビジネスは、そのうちなくなるよ」と、数えきれないくらい言われていた。そこで、なぜマルチ商法にハマる人はいなくならないのかという問いが浮かぶ。

マルチ商法に勧誘された人、ハマった人の話を聞くと、マルチ商法の彼らが、他人を動かすこと、取り込むことについて、実に人間心理や人間の弱さを理解した行動をとっていることに驚く。前述したように、今でもマルチ商法が根強く存在しているということは、マルチ商法の勧誘が時代に合わせて進化しているからだと考えられないだろうか。

それでも、みな、どこかで「マルチ商法になんて勧誘されないし、勧誘されても断ることができるだろう」と思ってしまう。マルチ商法がなくならないのは、日々、勧誘手法がブラッシュアップされていて、常に僕たちの想像を超えているからなのだ。

悪質なマルチ商法に巻き込まれ、悲しい思いをしないためには、まず、どういう人にアプローチが集中しやすく、どういう勧誘が行われているかを、僕たちは知らなければならない。それを踏まえ、僕が調査をはじめた２０１４年以降の典型的なパターンを、「主婦」「若者（20代前半ぐらいまで）」「社会人」の３種類にわけてみた。なお、実際にこういうマニュアルが存在するかはわからない、だが被害に遭った人たちの声を集めた「集合知」として、これらのパターンをマルチ商法の被害から身を守るための情報として提供したい。
もちろん、それも時代に合わせて進化していくということは頭に入れておいてもらいたい。

今の時代の勧誘パターン

・主婦

はじめはママ友、セミナー、勉強会などをきっかけに「調味料、何使ってる？」「洗剤、何使ってる？」「子どもに何食べさせてる？」「添加物とか化学調味料って不安じゃない？」「その化粧品どこの？」「浄水器使ってる？」などと、家事育児に関係したライトな話題からはじまり、接点を見つけてくる。

少し親しくなると、「料理教室に来ない？」「食や健康について詳しい人の話を聞いてほしい」「ためになる育児の話を聞きに来ない？」「すごい素敵な人がいるから会わせたい！」と、集まりに誘われる。

「うん。そんなの知ってるよ。マルチ商法だよね」と、すぐに反応できる人もいるだろう。すでにこのような勧誘があることは広まっているし、何度もこのような勧誘を受けたことがある主婦も大勢いるはずだ。そのため、勧誘側も、さらに次の手を打つ。

今の時代はベタに誘われるケースは影を潜め、マルチ商法色をうまく隠した誘い方が主流となっている。「おせちって自分で作ってる？　すごくセンスのいい人が、かんたんにできる、おせちのつくり方を教えてくれるんだけど、どう？」「家でケーキが作れたら子どもも喜ぶよね……。すごく素敵な人が鍋ひとつあれば自宅でできるケーキのつくり方を教えてくれるんだけど……。来ない？」のように。


主婦なら誰しも、料理に苦手意識を持っていたり、食や健康のことを勉強しなければとプレッシャーを感じていたり、育児に不安を持っていたりするだろう。「話を聞くだけだから。タダだから。聞いといて損はないから」と勧められ、怪しい気配が感じられないようなら「タダなら話だけでも聞いてみようかな」という気になってしまうのは自然なことではないか。むしろ聞かなければ相手に悪いかなという気になるだろう。

それに日用品や空気清浄機、鍋、浄水器など、マルチ商法で扱っている製品は、主婦の関心にマッチする。実際に買って使ってみて、めちゃくちゃ良くはないが、それほど悪いものではないという印象を抱く。すると、少し価格が高くても「買った」という自らの行為を正当化したくなる。そうして、日用品や美容品を購入して使ったことを「すごい良かったでしょ！」「すごい綺麗になってる！」とマルチ商法の会員に褒められ続けているうちに、正しい選択をしている気になり、製品を買い続けるようになっていく。そのような段階を踏んでハマっていくケースが多いのだ。特に、毎月5万10万と購入しても生活に大きな影響が出ないような、経済的にゆとりのある主婦は、継続して購入する見込みがあるため、とても狙われやすい。

家事育児の話で反応が薄ければ、それとなくボーナスの話や、「やりくりどうしてる?」と、さりげなく家計の話をまぜてくる。そして、お金に困っていそうな人には、「旦那に頼らずに、経済的にも精神的にも自立している素敵な女性がいるんだけど会ってみない?」と、自分と同じ悩みを解決して、満たされた生活をしている、すごい人や素敵な人の話をされ、その人に興味を持つように仕向けられる。

というように、いろいろな切り口から相手の情報を集め、何に関心があるか、何に不安があるか、何に不満を持っているか、何にコンプレックスを持っているかを探っている。そこをフックにして、マルチ商法の集まりに来れば解決策となる情報が得られると誘われるのだ。

・若者(20代前半ぐらいまで)

若者になると、自治体や警察などの公的機関が掲示板やホームページで注意を呼びかけているようなイケイケドンドンの勧誘が主流になる。ありがちなものとして、次のような言葉をかけられる。

「夢ある？」「この先の人生どう考えてるの？」「自由な生活したくない？」「今の仕事に満足してる？」などを切り口に、「ありきたりな言葉だけど、人生一度きりだからさ、とにかくお金持ちで自由な生活をしている、すごい人がいるから、一度会ってみない？」「俺も先週、この仕事で稼いだ金でフィリピンで遊んできたよ」などと言われ、札束や仲間と楽しそうにしている写真を見せられる。カフェなどでこうした会話が繰り広げられているところに遭遇したことのある人もいるだろう。

そこまで親しくない知り合いから、「今、何してるの？　これから何するの？」と連絡があって、「そういう話がしたいから一度会おう！」と続くのが王道のパターンである。とにかく会おうとしてくるのが特徴で、会うと、はじめは1対2、しだいに1対多人数で囲まれる状況を作られる。はじめは違和感を覚えても、「稼げる！」「チャレンジしないと！」「行動しないと人生変わらない！」などと、自信たっぷりに言われ続けていると、その考えに染まってしまうのは、抵抗するよりも相手に従ったほうが楽だという人間の心理なのかもしれない。

会うと必ず、仕事のこと、お金のこと、人間関係のこと、とにかく不満を聞かれ、「その不満を解消できる話があるよ」、金がないと言えば、「金が手に入る話があるよ」と解決策を示される。やはりお金の話になると、現状や将来に、どこかしら不安を抱えている若者は耳を傾けてしまいがちだ。「日本の経済は〜」「若い世代は年金がもらえなくなる〜」「生涯年収って考えたことある？」などと、ふわっとしたマクロな経済の話をされ、「知らないとやばいよ！」と煽られ、「このまま普通に働いていたらヤバイ！」「自分も勉強しなきゃ！」という気にさせられ、「もっとためになる話が聞けるから来ない？」と、経済やお金のことが学べるセミナーへ、あるいは、すごい人に会うように誘導される。

そこで話されるのは、本質的な経済やお金の知識ではない。「普通に働いていても労働力を搾取されるだけで将来は年金ももらえない」などと不安を煽るのがオチだ。「その不安を解消し、豊かな生活を送るためには不労所得が必要だ」という話になり、「我々と一緒にビジネスをしよう。こんなチャンスはない」と持っていかれる。実際は、僕が説明しているようにベタではなく、もっと上手に誘導されていくのだが。

・社会人

お金よりも、出会いがほしい、充実した仕事をしたい、現状を変えたい、など、社会に慣れはじめた社会人の心の隙にスーッと入ってくるのが特徴である。なかでも「出会いがほしい」という気持ちを利用される勧誘は、今の時代を象徴している。マッチングアプリなど、見知らぬ人と知り合える環境も整ってきていることが、それに拍車をかけているように見える。

そのため、不安や不満を聞かれるのは、主婦や若者と変わらないが、「紹介したい人がいる!」と、そんなに自分のことを知らないはずなのに、やたらと誰か（すごい人、異性）を紹介されやすい。

近年は、前述したマッチングアプリなどの出会い系ツールを介したり、街コン、勉強会、BBQ、フットサルなど、不特定多数の出会いの場で勧誘されるケースが増えている。そこで知り合い、仲良くなった人と半年や1年と何度も会う回数を重ねても、マルチ商法とは明かされないことがあるので注意しなければならない。徐々に仲間を紹介され人間関係が築かれたところで、はじめてマルチ商法の会社の名前を明かされ戸惑う。その頃にはマルチ商法とわかっていても、築いた人間関係を壊したくない気持ちが働いてしまう。そうなるとマルチ商法を怪しいと思うことに抵抗が生まれる。「こんなに良い人たちが、自分を怪しいビジネスに誘い込むわけがない。世の中ではマルチ商法と怪しげに囁(ささや)かれているが、それは誤解ではないか……」と。

以上が今の時代の代表的な勧誘の3パターンになる。

不安や不満にさりげなく近づく

マルチ商法の会員には、10年20年、何十人何百人と、勧誘をしてきた猛者がいる。フレンドリーで、外見も魅力的。聞き上手なうえ、話すことにも長けている。さらに褒め上手でもある。さりげなく相手の不安や不満を聞き出し、相手のニーズに合わせた言葉をあててくる。そうして相手がマルチ商法をやることを選択せざるを得ない状況を作っていく。勧誘のプロである猛者に狙われたら、逃げるのはかんたんではない。そして、僕の調査と集まった声から見た限り、そうした猛者ほど表には姿を現さない。いつも表に出てくるのは、そうした人をリーダーとした、グループ内の子会員や孫会員たちだ。

また、会話の切り口で、動物占い、血液型診断などの話をされがちだが、これは勧誘しやすい相手かどうかを測るリトマス試験紙の役割を果たしている。マルチ商法と、占いや血液型診断などは、どこか似ているところがある。どれも、複雑な世の中のあらゆる出来事を線引きしたり、カテゴライズしたり、単純に白黒つけてジャッジしてしまうところが。

マルチ商法にハマると、「自由とは何か？」「成功とは何か？」という、人それぞれにとらえ方が異なることまでも、そこで唱えられる定義が真理であると強く信じ込んでしまう。価値観が固定され、異なる見方を受け付けなくなり、ひたすら視野が狭くなっていく。

今日もどこかで、僕も把握できていない、より手の込んだ勧誘が行われているだろう。僕らが思い浮かべる勧誘パターンは、いつも、ひと昔前の勧誘方法というぐらいに考えていたほうがいい。

情報弱者や心に隙がある人がハマりやすいという説が広まっているが、本当にそうだろうか。もし、周りでハマっている人がいたら、その人が情報弱者や心に隙があったかどうか考えてみてほしい。すると、自分と変わりない、ごく普通の人だということに思いあたりはしないだろうか。

それなのに、「金に目がくらんだから」「あの人は心が弱かった」、そんなふうにハマった人のことを決めつけていないだろうか。そうやってハマった人に責を負わせることで、僕らは考えることから逃れて、楽になろうとしているのかもしれない。たしかに自分ではどうしようもない問題を考えることは面倒くさい。なら、放っておいてもいいじゃん、と。こうして僕らはマルチ商法の問題に蓋をしていたのではないか。

マルチ商法にハマるのは、本人の問題という前に、勧誘する側の問題であり、ハマらざるを得ない状況に追い詰めている社会の問題かもしれない。

価値観はかんたんに変わる

たとえ同じ笑顔を見せられても、マルチ商法にハマると、以前とは別人のような印象を受ける。目つき、顔つき、言動までもが、今までのその人とはどこか違っていく。それは、前章までのエピソードでも触れてきたように、何を大切にして生きるかという価値観が、マルチ商法のものへと180度変わってしまうことに理由があるのではないか。価値基準が反転することを、ここではマインドセットと呼ぶことにしたい。

マインドセットで大きな役割を果たすのは、実体験の積み重ねである。マルチ商法の集まりでは、会員のキラキラした生活を見せられるが、それがジワジワ効いてくる。そんな単純なことでも繰り返し見せられると、心はグラグラ揺らいでしまう。「なんで、あの人がハマってしまったんだろう？」という話を聞くたび、僕は人間の価値観は変わりやすく、思っているほど絶対的なものではないと、理解するようになった。人間関係が変わり、偏って固定した考え方を、繰り返し聞かされる環境に身を置いていれば、人の価値観などかんたんに変わってしまうということを。

かなえたい夢をノートに１００個書くという、夢リスト１００。マルチ商法の会員が、よくやらされることだ。ちなみに僕は、たぶんひとつも書けない。そこに書かれているこことは、ほぼ、お金があればできることと、モテたらできることに集約される。それを維持するには、同じ価値観を持つ誰かが身近に必要になるため、必然的に勧誘をしなければいけなくなるのだろう。

お金とモテで書ける夢は、たいてい25個ぐらいでなくなってくる。すると今度は、自由でありたいと謳いはじめる。「自由」、それはとても耳に心地よく響く。ただ、僕には彼らの謳う「自由」とは何を指しているのかわからない。「自由」ではなく、誰かに押し付けられた「自由」という価値観にしか感じられない。それは不自由な気がする。

実際に金も、モテも、自由も得られた、そんなマルチ商法の会員が、みなさんの周りにいるだろうか？　それでも彼らがマルチ商法を続けるのはなぜなのだろう。おそらく、そこには彼らが求める「生きがい」があるのではないかと僕は推測している。目標に向かって努力し、それを認め、褒めてくれる誰か。それを得られるマルチ商法という場所は、たんにビジネスではない。自分を承認してくれるところであり、生きるうえでのよりどころになっているのかもしれない。

マインドセットは短期間ではなく、数か月や数年かけて変わっていくことも多い。それだけ時間をかけて段階的に変わっていくので、本人でさえ、その変化に気づかない。時間がかかっているぶん、元に戻せるとしても時間がかかるし、元に戻ることじたいが難しい。そこに脱会の困難さがある。

組織に属することの居心地の良さ

マルチ商法のなかには、小さなグループがたくさんあり、リーダーを中心にグループの仲間どうしで製品知識を教えあったり、自己啓発セミナーをしたり、勧誘の進捗状況を事細かに共有してアドバイスをしたり、悩んでいたら励ましあっている。そして、マルチ商法を伝えていく悦びを覚えさせられる。伝えるとき、「あなたのために」と言うようになり、勧誘が相手のためになっていると、疑いなく思い込んでしまう。こうしてマルチ商法にとって都合のいい、単純化された認知の枠組みに入り込んでしまう。すると、相手のためになっていないかもしれないということが想像できなくなる。

こうなると、家族や友達から「ちょっとおかしいのではないか？」と指摘されても、本人のなかでは、真理に辿り着いた気になっているので、矛盾を感じない。強く否定されたり、嫌がられたりするほど、のめり込んでいく。それはＳＮＳで「いいね」を求めるのと、どこか似ている。自分を受け入れてくれない人はブロックして関係に距離を置き、話を聞いてくれる人を大事にするようになる。そして、自分を認めてくれるマルチ商法の人間関係に依存していったとき、いつのまにか周りはマルチ商法を通して得たつながりばかりになっていく。

マルチ商法をしていると、より承認を求めるための競争意識も働いてくる。活動にのめり込むほど褒められ、それが生きるうえでのよりどころになる。「そんな人生でいいの？」「サプリを飲めば癌が治るよ！」「絶対稼げるから一緒にやろう！」のように、個人の責任ではとうていロにできないことや、十分な根拠がなくあやふやなことを平気で断言できるようになるのは、マルチ商法という組織に属することで自分が強くなったように錯覚してしまうからではないだろうか。

つまり、マルチ商法のつながりのなかで身につけた価値観が絶対的な真理であり、それに合わないものは間違っているというような、二元論化した思考に陥ってしまうのだ。

というように、マルチ商法にハマると複雑な世の中のあらゆることを単純化して考えてしまう傾向がある。人生はもちろん、成功や自己実現なども人それぞれであり、かんたんに、これが真理であると、断言できないもののはずだ。だが、マルチ商法の世界では多様性を受け入れるという価値観は都合が悪いだろう。自分たちは正しい、相反する価値観は間違っている。そうした二元論で、何もかもをジャッジしていくと、それはそれで世の中を理解した気になり、世界が開けたように感じてしまうのかもしれない、と想像する。自分が、何かすごい人になったような気になるのかもしれない。すると、「やめたほうがいいよ」と注意してくれる人に、「あなたはわかってない！」という態度を取り、優越感を覚えてしまう。同じ価値観や情報を共有しているマルチ商法の仲間といることに居心地の良さを覚えていく。そして、俺たち生き生きしているよね、笑顔だよね、自由だよね、と自画自賛しあい結束していく。そのサイクルが繰り返されていく。

ハマっている人はマルチ商法で身につけた価値観を真理と思っているだろうが、僕にはマルチ商法につなぎとめるためのものとしか思えない。

マルチ商法と自己責任論

「わたしたちのマルチ商法がすばらしいことを理解できた？」「自分で決断していこう！変わっていこう！」「あなたが決めたことだよね？」、マインドセットの過程で交わされている、これらの言葉。僕は、誰かに強制されてマルチ商法をしているのではなく、自分で選択して決めたことだと思うように仕向ける意図を感じてしまう。それはマインドセットに効果的であるからだけではないだろう。自分の意思で選択して決めたと思わせることで、違法な勧誘にならないための予防線にもなっているのではないか。

というのも、しばしばマルチ商法を脱会した人から、「自分が決めてやっていたことだから自分が悪い」と自分を責める言葉を聞いたからだ。それを聞くたびに、「いや、それは違う」という思いに、僕は胸をかきむしられる。それは、本当に自分が決めたことではないんじゃないかと。自分が決めたように錯覚しているだけで、実は誰かに操られているんじゃないかと。

似たような構図はマルチ商法だけに限らず、社会のあちこちで感じることがある。僕らは何か問題が発生したときに、自己責任として片づける、いつのまにか、そんな習性が身についてしまっているように思う。

自己責任論は、どうしてハマった人を助けられないかということにもつながってくる。勧誘する側も巧妙だと述べたが、彼らも自分たちに矛先（ほこさき）が向かわないように、自分たちの手口は棚上げにして、自己責任に落としていくからだ。そのため、脱会しても「自分が決めてやっていたことだから自分が悪い」と思ってしまう。

マインドセットがどのように行われているか、それは周りからは見えない。周囲からも何が起きているかわからないし、理解しがたいものはみんな受け入れにくいから、話をされるだけでも面倒だ。周囲も誰かに相談するべきことなのか、どうやって説明すればいいのかわからない。そもそも困っていることを言葉にすることにさえ辿り着かない人もいるし、辿り着いても今度は言葉にするまでに時間がかかる。すると、身近な人がハマっていても相談できないという状況が生まれる。それなのに、やっとの思いで誰かに話しても理解されないということが往々にして起こる。それは相談されてもどうしたらいいかわからないということでもある。

個人だけでなく、公的機関に相談しても、同じように本人に非があるように言われてしまうことがある。「本人が悪いんじゃないですか？」「どうして抵抗しない？」「どうして本人が助けを求めない？」「どうして家族は何もしない？」「嫌なことは忘れましょう。時間が解決する」。そういうアドバイスに苦しめられる。助けを求めて相談したのに、より苦しんでしまうのだ。相談されたほうも、何かたいへんなことが起きていると感じるが、悲しいことに喉元を過ぎれば熱さを忘れてしまう。そうして、「ハマった人が悪いよね」で片づけられがちな自己責任論から、社会が抜け出せていないように思える。自己責任にしてしまえば、本人以外は、みんな楽だから。

騙す騙されるという日常

ハマってはいないが、マルチ商法の製品を定期的に購入している人もいる。みなさんの周りにもいないだろうか、「それってマルチ商法だよね」と指摘すると「モノは良いんだよ！」と、過剰に反応する人が。マルチ商法と言われると、自分がバカにされているように感じるのかも。このように、マルチ商法が悪いと認めたがらない人が、世の中には一定数いる。

考えてみれば、ビジネスしかり、人間関係しかり、みんな多かれ少なかれ騙す騙されるということを経験しているだろう。その毎日の暮らしのなかにある、騙す騙されるという構図に、僕らは慣れ切っているのかもしれない。だから、騙されたほうが悪いと言いたくなる気持ちもわからなくはない。おまえが甘いんだよと。ただ僕には、それは問題の本質に目を向けず、権力の強い者にとっての都合のいい論理へすり替えられているだけに見える。騙すほうが悪いはずなのに、いつのまにか、騙されるほうが悪いという、何かモヤモヤさせられる論理に支配されている気がする。

マルチ商法は、ときに宗教みたいと言われることがある。とあるオンラインサロンの運営者が、「あなたのサロンって宗教みたいですね」と指摘されていた。それに運営者は「ビジネスでは宗教みたいと言われることはいいこと！　ビジネスで大事なのは自分たちのファンをつくることであり！　自分たちもお客さんも！　みなファンにしなければならない！」と力強く反論していた。

念のためだが、指摘した人はビジネスの話をしたわけではなかった。宗教のように教祖的立場の運営者と、それに飼育されているように見える取り巻きの様子の気味の悪さを宗教みたいと言ったにすぎない。それがビジネスの話にすり替えられていた。ビジネスの文脈で語られると、それが正しいことのように思えるという錯覚が起き、そもそも、なぜ宗教みたいと指摘されたのかということはあやふやにされてしまうのだ。

困っている人の声を受け止める社会に

困っている人ほど沈黙している。それは、マルチ商法のように社会の関心が低い問題であれば、なおのことである。

どこに相談しても話さえ聞いてくれなかったという失望の声が、僕のもとには寄せられてくる。マルチ商法の被害には寂しさがつきまとう。その寂しさにはふたつある。ひとつはマルチ商法にハマって人柄が変わってしまい、もう元のその人には会えないという寂しさ。ふたつ目は理解されないという寂しさ。理解されないというのは、やめさせようとしたけれどハマった本人には理解されなかったということ、誰かに助けを求めてもマルチ商法にハマっているということが理解されなかったということだ。

もし、マルチ商法のことで相談を受けることがあったら、まずはしっかり話を聞いてあげてほしい。何ができるか考えるのは、そのあとでいい。聞いてくれる人がいるというだけでも、マルチ商法のことで疲弊している人にとっては救いになるはずである。余裕があれば、マルチ商法の問題を自己責任とする線引きに抗(あらが)ってほしい。特定の個人や家庭の問題と思わないでほしい。ハマった人はもちろん、企業や他の何かを責めるのは、ずっとあとでいい。まずは、困っている人の声を受け止められる社会であってほしい。

一般的にマルチ商法は消費者問題とされている。なぜ人はマルチ商法にハマり、なぜやめられないのか？　それはマルチ商法に引き寄せられる当人の複雑な心の問題であり、そこに居場所を求めてしまう社会構造の問題でもあるのではないか。とすれば、マルチ商法は消費者問題としての枠組みだけでは片づけられない。

家族をはじめとした人間関係、夢や生きがいを過剰に求める社会の風潮、そのほかにもいろんな要因があるだろう。そうした困難を抱えている人にとっては、マルチ商法という同じ方向を向いている仲間がいる場所がセーフティネットになっている一面もある。マルチ商法の問題があり続けるのは、この社会の縮図でもあるからだと僕は感じている。

そのような問題の複雑さに反して、マルチ商法はハマった家族などの身近な関係者や、消費生活センターなど、限られた人だけに負担がかかっている。そして、そこで止まっている。

たとえばマルチ商法をやめさせたいときは、ときにはカルトからの脱会のように専門家の意見を取り入れながら慎重に事を進めなければいけないはずだ。マルチ商法の問題に直面した個人や消費者行政だけでなく、心の問題の専門家、現代社会学の専門家など、さまざまな見地からの解決に向けたアプローチが必要だろう。特定の誰かや企業が悪いと責めたとする。そのときは一瞬スッキリするかもしれないが何も解決しない。マルチ商法の問題を社会が共有する、そして意見を交換したり、対話を重ねることがスタートラインだと思う。

本章の最後にマルチ商法企業の方にメッセージを。「はじめに」でも書いたようにマルチ商法は合法なものとして認められているビジネスだ。しかし本書で書いてきたように、マルチ商法では、マルチ商法企業の目の届かないところで違法すれすれ、または法に反した勧誘が行われていることがある。コロナが広がりはじめた頃も某マルチ商法のディストリビューターたちが「うちの空気清浄機は新型コロナウイルスを除去できる」とツイートしていた。そのマルチ商法企業は公式のアナウンスで否定していたが。

マルチ商法では、そうした行き過ぎた勧誘があったとしても、「証拠はあるの？」と声を上げた人が責められたり、言った言わないというグレーなものとして片づけられてきた側面がある。マルチ商法企業としても、そうしたことに目をつぶらなければビジネスとして成り立たないところもあるだろう。ただしこれからは、そのグレーなところをしっかりと調査してマルチ商法がホワイトなものであると実証してほしい。そのためには規約や法に反した勧誘があれば、会員にしかるべきペナルティを科すなどの対応をしてほしいし、そうした対応をしていることを公式にアナウンスしてほしい。また本書で取り上げたように、マルチ商法に関わって苦しんでいる人たちがいることにも目を向けてもらい、どうしてそういうことが起きてしまうのかという原因の究明と救済処置を検討してもらいたい。

いくら個人が気をつけても、行政が注意喚起をしても、本書で語ってきたようなマルチ商法の問題は、マルチ商法企業の力なくしては解決しないのだから。

終章

家庭崩壊した僕が、今伝えられること

僕の会ったことのない、妻のお父さんとお母さん

僕は、なぜ妻がマルチ商法にハマったのかを考えない日はなかった。

妻と出会ってから離婚するまで約9年の月日が流れていた。妻と娘が家を出るまでの7年間は、ほぼ毎日一緒に過ごしていた。妻のことはなんでもわかっていると思っていたが、マルチ商法にハマってからの妻とのやりとりを、よく振り返ってみると、僕は妻のことを何も知らなかったと言わざるを得ない。妻が抱えていた悩み。妻が渇望していたもの。そして僕に何を望んでいたのか。

妻は気づかいがあって、ユーモアもあって、人気者、少なくとも僕にはそう見えていた。

スーパーや駅のエレベーターで、見知らぬおばさんに「あなたかわいいわね」と声をかけられることもよくあった。僕は妻の良いところばかりを見ていたのかもしれない。働いて家にお金を入れて、家事や育児を手伝っていればそれで十分だろうと、そういう気持ちが僕にあったことは否めない。きっとそれだけではうまくいかないことは薄々感じていたのだが、気づいたとしてどうすればいいのか、それを考えるのが面倒だから、深く考えることを無意識に避けていた気がする。そのあいだに僕と妻はすれちがっていった。そして僕と妻の気持ちは決して交わることのない平行線をたどっていった。

僕は妻の両親に会ったことがない。妻は大のお父さんっ子だった。理工系の大学に通っていたお父さんは小説家になるために大学を中退した。それからは仕事から帰ってくると机に向かって寝るまで小説を書き続ける、かなり気合の入った生活を続けていたという。妻は、同じように毎晩シナリオを書いていた僕にお父さんの姿を重ね合わせていたのかもしれない。だから僕がシナリオを書かなくなったことは妻にとってはショックが大きかったのかもしれない。

ある日、お父さんは、妻の見ている前で書き溜めていたすべての原稿を庭で燃やした。お父さんは小説を書くのをやめた。お父さんは建築士の資格を取り、妻は建築の専門学校に進学した。ゆくゆくはお父さんと仕事をする予定だった。

お父さんは運転中によく寝てしまう人だった。妻が専門学校を卒業して半年も経たない頃、お父さんは居眠り運転がもとで自動車事故を起こした。即死だった。

妻は建築の道に進むことをやめた。

お父さんっ子だった一方で、妻とお母さんは小さい頃から関係がうまくいっていなかった。どうしてもウマが合わなかったという。お母さんはソフトクリームが好きで、よく妻にソフトクリームを買ってくれた。だが妻はソフトクリームが嫌いだった。嫌々ソフトクリームを食べていたと僕にこぼしていたことがある。お母さんはパートに一生懸命で、学校から帰ってきてもいつも家にいなかった。それが妻は寂しかったと言っていたことがある。ときどきお母さんが家にいるとうれしかったと言っていた。

お父さんが亡くなったあと、お母さんは再婚した。僕が妻と出会ったとき、妻はもう何年もお母さんに会っていなかった。

建築の仕事に進むことをやめた妻は、しばらくして美容系の仕事に就いた。普段から「かわいいですね」「化粧品何使ってるんですか？」と言われることが常だっただろう妻にとって、お客さんに化粧品を勧めることは自然なことだっただろう。当時のお客さんが、娘の顔を見に遊びに来たり、年賀状を送ってくれたりしていたが、マルチ商法にハマってからはそれもなくなっていった。

妻がかなえたかったものは

僕と出会ってからはコーヒー浣腸を手始めに、次々とトンデモといわれるような医療や健康法にハマっていくことになった妻だが、その背景にはお父さんを亡くし、お母さんとの関係に悩む寂しさがあったのではないか。トンデモは妻の寂しさを埋めてくれたのだと思う。

妊娠を契機に自然出産や「子どもは母親を選んで生まれてくる」という胎内記憶にのめり込んでいった妻には、自分と娘の関係を自分とお母さんのようなものにはしたくないという強い思いがあった。それを僕は感じ取っていたので、次々と手を出すものや言動が変だなと思っても、生まれてくる子どもへの強い思いゆえなのだと妻の好きなようにさせた。

「3歳になるまでは母親は子育てに専念しないといけないんだって。そうしないと成長に悪影響を及ぼすんだって」と妻が言っていたことを、3歳児神話と呼ばれる根拠のないことと僕が知ったのは、妻と娘が出て行ってからのことだった。妻から「3歳までは娘と一緒にいたい。4歳になったら自分も働くから」と言われても、僕は「やりたいようにやっていいよ」と答えるしかなかった。

やりたいようにやった妻は、ネットや助産院などで得る出産育児にまつわる根拠のない情報にハマり込んでいった。冷えとり靴下をはかなければいけない、薬を飲んではいけない、野菜は無農薬のオーガニックなものでなくてはいけない、あれを食べてはいけない、これを飲んではいけない、妻がハマり込んでいくほど家の居心地は悪くなっていったが、妻は僕や娘のことを思って勉強しているのだ、意識の高い妻だと思い込んでしまっていたし、まさか妻の得た情報がトンデモだとは思いもしなかった。妻が間違った情報に踊らされているわけがない、かわいい娘に間違ったことをするわけがない、そうとしか思っていなかった。

褒められること、認められること

このような背景が、実際のところどれだけ妻の行動に決定的な影響を与えたのかは、わからない。しかし、妻はそうやって平泉さんや徹子さんと出会い、妻はマルチ商法にハマっていった。平泉さんや徹子さんから刷り込まれる「質の高い情報」とトンデモの数々。それを信じることで「勉強していてえらい母親だね」と褒められる。X社製品を使えば使うほど「きれいになったね」「健康的になったね」と褒められる。徹子さんの自己啓発セミナーで、ポジティブシンキングやマルチ商法で他人を勧誘することの正当性を信じ込み価値観が変わる。X社の集まりに行けば行くほど褒められる。「こんなに良いものを人にも勧めてあげなければ」という思いに駆られ、勧誘すればするほど褒められる。平泉さんや徹子さんとの毎日のラインでは、「レスポンスは早く！」と、素早い返信を求められる。「素直が大事！」と言われ、疑いなく言うことを聞くことを求められる。そうしてお母さん以上に親身に接してくる平泉さんと徹子さん。すべて僕の知らないところで行われていたことだ。

noteで記事にした被害者の声をはじめとして、僕はマルチ商法にハマった人の声を聞き続けてきたが、妻の例はマルチ商法にハマった人の中の一例にすぎなかった。妻のように家庭環境に悩みを抱えていたり、もともとトンデモに傾倒している人のほうが少ない。何の不満もなさそうなと言うと言いすぎかもしれないが、まさかあの人がマルチ商法にハマるなんて、と驚かされるケースが、僕が聞き取った事例を整理すると7、8割になるだろうか。予防と対策が整備されていない、ましてやマルチ商法を経験した人たちの情報がなく、実態さえも知ることができない今の社会では、普通に暮らしている誰しもがマルチ商法にハマってしまう可能性がある。僕はマルチ商法が存在している以上、マルチ商法にハマるのは事故に近い、あるいは運が悪いとしか言えないと思うようになっていった。

X社コミュニティへの依存

「そのうち馬鹿馬鹿しくなって目が覚めるよ」。そう何人もの人に言われた。僕もそう思っていたが妻の目が覚めることはなかった。「稼げないとわかればやめるよ」とは聞き飽きるぐらい耳にした。そもそも妻がX社をはじめたきっかけは平泉さんとトンデモな話で意気投合したからであって稼ぐことが目的ではなかった。のちのち勧誘もしていたが、そこにはビジネスとして成功したいという以上に、良いものを人に勧めなければという使命感や正義感があった。だから「稼げない」「自分はパワフルに勧誘できるようなタイプではない」と気づいても目が覚めることはなかった。

X社のコミュニティにいることで、X社内で「質の高い情報」と呼ばれている栄養や健康の情報に触れられることも大きい。「質の高い情報」はエビデンス不足だったり、明らかにトンデモといわれるものが多いのだが、妻はそれを「世の中の人が知りえない、X社にいられるからこそ得られるもの」と思い込んでいたし、「質の高い情報」を信じて生活に活かすことが支えになっていた。

徹子さんの自己啓発セミナーで、自己啓発やポジティブシンキングの影響を強く受けたり、お金に対する価値観を変えられてしまったのも見逃せない。これらは一般的には理解されないため、普通の人に話すと変な顔をされるが、X社のコミュニティでは学んだことを話すほど「理解できたんだね！」「勉強しているね！」と褒められる。X社で学んだことをそのように言われるのは自己啓発セミナーのことだけではなく、「質の高い情報」についてもそうなのだが、結果的に褒められてうれしいX社のコミュニティに依存してしまう。また、自分に置き換えても心当たりがあるが、人は自分が一度信じたものを正しいと思いたがると思う。「それおかしいんじゃないの？」と指摘されるより、「すごいね！」「がんばってるね！」「理解できたんだね！」と持ち上げてくれる場所のほうが居心地がいいだろう。

そしてX社で得た情報や、平泉さんや徹子さんの教えに背くと、妻は何か悪いことが起きるのではないかと、大きな不安を感じるようになっていた。家からX社製品がなくなったときに妻が身体を震わせて体調不良を訴えたように。もはやX社製品がなければ不安で生きていけないように僕には見えた。

お母さんとの関係に問題を抱えていた妻にとっては、平泉さんや徹子さんが親身に接してくれて可愛がってくれたことも抜け出せない原因だった。普通は自分に丁寧に接してくれる人を邪険に扱えないだろう。そのうえ母との折り合いが悪く、ひとりで懸命に育児をしていた妻にとって、母親のように接してくれた平泉さんと徹子さんは大きな心の支えであっただろう。勧誘がうまくいかなかったり、周囲からやめるように言われて傷つけば傷つくほど、平泉さんや徹子さんは優しくしてくれる。「そんなことを言う人とはつきあわないほうがいい」「あなたは質の高い情報を得て勉強してえらい！」と。

一度そのサイクルにハマり込んでしまえば、周囲の人間がやめさせようとすればするほど周囲の人間に敵対心を抱き、マルチ商法にハマり込む。やめさせようとすればするほど裏目に出てしまう。

マルチ商法の会社は小さな会社から大きな会社まである。勧誘者も経験の浅い人もいれば、平泉さんや徹子さんのようなベテランもいる。たんに「稼げるよ」と誘われ、製品を買えるだけ買わされ、勧誘させられるだけさせられて、後はポイされて、「あ、騙されてたんだ」と気づくケースもあれば、妻のようにベテラン勧誘員に段階的に取り込まれ、表面的には大切に扱われて、製品の愛用者に育てられるケースもある。妻のようにじっくりと時間をかけて取り込まれた場合、目を覚まさせることは困難になるというのが実感だ。

「今の時代に、まだマルチ商法なんてあるの？」と、みな口を揃える。裏返せば、それだけ勧誘方法や組織維持の手法が確立され、時代に合わせて進化しているからだといえる。だからマルチ商法は何十年経ってもなくならない。平泉さんや徹子さんのような上位会員は、人心掌握のノウハウを、よく勉強している。僕が聞き取りしてきた限りでは、そうしたノウハウは、本を読んで学ぶこともあれば誰かから教わることもあるだろうが、マルチ商法の組織においては下位会員が上位会員の真似をすることで身につけていくのではないかという気がしている。真似とは「話し方」「考え方」「外見」などさまざまだ。

そうしてグループはひとつの価値観で覆われた強固な組織となっていく。そうした組織に属するマルチ商法の会員に捕まったら、なかなか逃げ切れない。すべてのはじまりは妻が平泉さんに出会ったことだったが、それは事故のようなもので僕には防ぎようがなかった。目を覚まさせることもできなかった。救おうともがけばもがくほど、逆に妻はハマり込むだけだった。僕にできることは妻の前から去ることとだけだった。

娘の将来の夢

離婚までは、目を覚まさせることができない焦りや、マルチ商法に対する怒り、状況を誰にも理解されないことのしんどさ、自分自身に対する無力感にとらわれていた。だが、離婚をしたことで燃え尽きた僕からは、そうした感情もしだいに薄れていった。

僕のツイッターに寄せられていた被害者の声に耳を傾け、ときには被害者と会話を重ねているうちに、表には出てこないマルチ商法の輪郭が見えてきた。何年も何十年も目が覚めない人の話を聞いていると、妻がかんたんに目覚めることは難しいのだなと諦めがつくようになった。そうしてマルチ商法の被害の声を聞くことは僕の心の整理につながっていった。

離婚後、1年間家に引き込もり、2年間週6でテレアポの仕事をし、そのあいだ人との接触も避けていた僕だったが、そろそろ昼間に身体を動かせるような仕事に就いてみようかなという気になっていた。水道メーターの検針の仕事に申し込もうとしていた頃に、旧知の社長から「何してんの?」と連絡があった。「人手が足りないから働かないか?」と誘われた僕は、だいぶブランクがあったので、まともに働けるか不安を覚えつつも、ありがたい話だと思い、その会社で働きはじめた。

妻からは離婚後、半年に一度ぐらいメールが来ていたが、返信する気にはなれなかった。母が元気か、姉が元気かと聞かれたこともあったが、情報を渡すと、またそれが平泉さんや徹子さんに伝えられ、僕がまったく思いもしない悪い方向に勝手に解釈されてしまうのではないかと恐れて、僕は何も言えなかった。「お金のことはいいから娘に会ってほしい。背が伸びてますます可愛くなっています」とメールが来たが、娘と会ってうまく接する自信がなかった。

娘のキッズ携帯の番号を知らせるメールが妻から届いた。「娘とショートメールをしてあげてほしい。そのために僕の電話番号を登録する必要があるから、僕の電話番号を教えてほしい」と。娘とショートメールをするかずいぶん悩んだ。１か月後、妻に電話番号を伝えると、娘からショートメールが届いた。「最近、学校で2分の1成人式をしたよ！将来の夢をみんなの前で言ったり、10年後の自分に手紙を書いたりしたよ！」。娘の将来の夢が気になったが聞くのはためらわれた。X社でお金持ちになって海外旅行に行きたいとか、X社の製品をいろんな人に勧めたいと言われたりしないだろうかと。恐る恐る将来の夢を聞いてみた。娘の夢は風景カメラマンだった。

大学時代に写真部だった僕にとって、カメラマンになりたいという娘の夢はうれしかった。娘に写真を教えた覚えはなかった。娘は幡野広志（はたのひろし）に憧れていると言った。一緒に暮らしていたとき、いつも土いじりをしたり、散歩の途中も道端の草花に目を留めていた娘のことを思い出した。「パパは写真部だったんだよ」と伝えると、「そうなんだ。写真のこといろいろ教えてね」と言われた。そして僕は娘と会う約束をした。約束の日は奇（く）しくも妻と娘が家を出て行った5年前と同じ日であり、最後に娘に会った3年前と同じ日だった。

3年ぶりの再会

待ち合わせ場所に妻に手を引かれた娘がやってきた。妻は笑顔だったが娘は無表情でうつむいていた。僕は妻の顔を見ることも話しかけることもできなかった。マルチ商法にハマっておかしくなる前の柔らかい表情が戻っているようにも感じたが、それは僕の願望かもしれない。娘は僕の手を握ってくれた。写真展を観て、お昼ごはんを食べて、娘が観たいという映画を観ることになっていた。

手をつないで歩いたが、お互い何を話せばいいかわからなかった。お互い顔を見ることもできなかった。「パパ、まだあのお家で暮らしてるの？」と聞かれて「住んでるよ」と答えただけだった。写真展を30分ほど観た。写真展では写真を観ていればいいので、お互い顔を合わせずに済む。そのあとはお昼ごはんだ。餃子が好きだった娘のために、餃子を食べに向かった。

餃子屋に入るとテーブル席を案内された。そこで僕と娘は向かい合うことになった。娘は僕の記憶にある娘とはだいぶ違っていた。昔のように僕に甘えてくることはなかった。あのまま3人で暮らしていたら、どんなふうに育っていただろうか。娘の顔を見てしまうと、どうしても家を出て行ってからどんな暮らしをしていたのか、今は平穏に過ごしているのか、学校でいじめられていないか、いろんなことが頭をよぎっていく。ずっと黙っていた娘が「明日誕生日だよね」と言った。僕は「ありがとう。覚えてたんだね」と言った。注文して少しすると、娘が下を向いた。娘は声を抑えて涙を流していた。僕はハンカチを渡した。娘の涙は止まらなかった。僕はビールを頼んだ。餃子が運ばれてきて、娘は黙って泣きながら餃子を食べていた。これ以上、僕と一緒にいさせるのは可哀そうだった。僕は妻に「ちょっとしんどいから来てほしい」とメールをした。しばらくして妻がやってきた。僕は娘を妻に預け、買っておいた映画のチケットを渡して、その場を去った。

後日、妻からメールが届いた。

あの日は、懐かしくて泣いたんだと言ってました。あの後は大丈夫で、私のごはんにつきあってもらってから映画を観ました。映画、喜んでいました。会わない期間が長かったので緊張したところもあったと思います。そのうち慣れて前の感覚を取り戻すのではないかと。娘はマンガと映画がとても好きです。『岡崎に捧ぐ』がとても好きで全巻揃えました。お父さん似だなぁーと思います。

家族がマルチ商法にハマった場合には、いろいろなケースがある。僕の家庭のように家族がバラバラになってしまうケースもまれではない。配偶者のマルチ商法に耐え切れず離婚を選ぶ夫婦、仕事をやめてマルチ商法の活動に没頭し借金を重ねる旦那に悩み続ける主婦、娘がマルチ商法の製品を買うのを反対していたところ、娘がX社仲間と出て行って共同生活をはじめてしまったというように関係が壊れるケースもあれば、配偶者がマルチ商法をしていることを「モノはいいから」「買ってるだけで勧誘はしてないから」と思い込んで割り切る人、家族がマルチ商法をしているのを見ないことにしている人もいる。そして夫婦や親子でマルチ商法にハマり込む人もいる。トンデモやマルチ商法に夫婦でハマっている人はめずらしくない。僕もそうなる可能性は十分あった。

5年ぶりに会った妻はフレディ・マーキュリーのTシャツを着ていた。きっと『ボヘミアン・ラプソディ』を観たのだろう。何にでもすぐに影響を受けやすい妻らしいなと思った。まだ妻がマルチ商法をしているのかはわからない。製品を定期的に買うぐらいはしているだろう。平泉さんや徹子さんとの関係も続いているだろう。何か困ったことがあれば平泉さんや徹子さんに相談ぐらいしているかもしれない。

今、妻は支援が必要な人のケアをする仕事に就いていて資格取得のための勉強もしているという。

おわりに

もともと育児のことをつぶやくつもりではじめたツイッターだった。その頃、まだ娘は幼く、自分の名前をうまく言えなかった。「○○ちゃん」と僕が呼びかける。「○○ちゃん」とうまく言えない娘は、「ズュータン」と言い返してきた。それを面白がった僕は、ほんの一時期、娘をズュータンと呼び、それをツイッターのアカウントにした。

アカウントは育児のことをつぶやくこともなく放置されていた。元妻と娘が家から去って少し経つと、僕はマルチ商法で思うことを、ズュータンとしてつぶやきはじめた。はじめは自分のことで精一杯だったが、困っている誰かのために役に立つことをつぶやけたらいいなと思うようになった。マルチ商法問題への関心が高まればという思いもあった。

だが、マルチ商法を取り巻く状況が当時から何か変わったかというと、何も変わっていない。そのことに呆然とすることがある。あいかわらず第3章のエピソードで紹介したような人たちの声が届くし、まさに現在進行形で、マルチ商法で困っている人のツイートを見ると、僕は無力感を覚えてしまう。

noteでインタビュー記事を書くとき、僕は被害者に「最後に伝えたいことはありますか？」と尋ねていた。返ってくる言葉は、みな同じだった。「マルチ商法という問題があり、そこで困っている人、悲しい思いをしている人がいるということを知ってほしい」と。それだけでも本書を通して伝われば、僕は意味あることができたような気がする。みなさんにマルチ商法の問題を考えてもらえる、この本がその「はじまり」になればうれしい。

謝辞
本書はたくさんの方々の助けと支えがあってできました。
僕の生活にマルチ商法が存在するようになったのは、もう8年前のこと。それからマルチ商法について考え続け、マルチ商法で人生を左右された人たちの声に耳を傾ける、いつのまにかそんな毎日を送るようになっていました。そうすることで、まず僕は自分の身に起きた状況を理解したかったのだと思います。

僕と同じような境遇にあり、話を聞かせてくれたみなさんがいなければ本書を書くこともなかったでしょう。ひとりひとりの痛みを抱えた声は、僕を「声なき者の声を世に届けなければいけない」という思いにさせてくれました。年齢や職業を超えてみなさんとつながりを持ち、マルチ商法について話し合えたことは僕にとっての財産です。ネット上のつきあいで顔も合わせたこともない方々ばかりですが、みなさんへの感謝は言葉では言い尽くせません。

noteで公開していた記事を読んで「本を出さないか」と声をかけていただいたのは、作家エージェント会社のアップルシード・エージェンシーの鬼塚忠社長と栂井(とがい)理恵さんでした。本を一冊書きあげることに自信もなく、また本にするには難しいテーマではないかと長いあいだ返事を保留していましたが、その気になれたのは温かく後押ししてくれたおふたりのおかげです。

編集者の浅井四葉さん、天野潤平さんには、1年半にわたり、マルチ商法の問題をうまく社会に伝えるにはどうすればいいかと、いつも的確な示唆をいただきました。書き進めるにあたって何度も迷子になりかけましたが、しっかりと方向性を指示して導いていただき、安心して書き進めることができました。

最後にひとりひとりの名前は挙げられませんが、友人知人に感謝を申し上げます。

みなさん、本当にありがとうございました。

２０２０年12月

ズータン

本書は、第3章を除いて、すべて書き下ろしです。第3章は、noteでの記事（2016年3月～2019年6月）に大幅な加筆・修正を加えました。なお、登場する人物名はすべて仮名であり、本人特定防止のため一部の描写に変更を加えています。

ズュータン

会社員。マルチ商法にハマっていた妻が、ある日突然娘を連れてマルチ商法の上位会員の家で生活をはじめる。それをきっかけに妻に何が起こっていたかを知るため、マルチ商法の情報収集と情報発信を開始。しだいに同じような境遇にある人たちの声が集まり、彼らの語りを記録する。その数は2016年から現在まで約70人。そのいくつかを公開した記事はnoteで30万PVを超え大きな反響を呼ぶ。

企画：アップルシード・エージェンシー

妻がマルチ商法にハマって家庭崩壊した僕の話。

2021年1月12日　第1刷発行

著者　ズュータン
発行者　千葉 均
編集　浅井四葉
発行所　株式会社ポプラ社
〒102-8519 東京都千代田区麹町4-2-6
電話 03-5877-8109(営業)
03-5877-8112(編集)
一般書事業局ホームページ www.webasta.jp
印刷・製本　中央精版印刷株式会社

N.D.C.916 270ページ 19cm ISBN978-4-591-16842-4

P8008310